TOPAZE

DU MÊME AUTEUR

dans la même collection

MARCEL PAGNOL
de l'Académie française

TOPAZE

pièce en quatre actes

PRESSES POCKET

© *Marcel Pagnol, 1976.*

ISBN 2-266-00093-4

A ANDRÉ ANTOINE

mon maître

En signe ae reconnaissance et de respectueuse affection.

M. P.

Décors

PREMIER ACTE :

Une salle de classe à la pension Muche.

SECOND ACTE :

Un petit salon chez Suzy Courtois.

TROISIÈME ET QUATRIÈME ACTES :

Un bureau américain.

L'action se passe de nos jours dans une grande ville

PERSONNAGES

MM.

TOPAZE, trente ans, professeur à la pension Muche ..   *André Lefaur*

MUCHE, le directeur, quarante-huit ans ....   *Marcel Vallée*

TAMISE, quarante ans, professeur à la pension Muche ....   *Pierre Larquey*

PANICAULT.

LE RIBOUCHON, surveillant à la pension Muche ......   *Chevillot*

UNE DIZAINE D'ENFANTS DE 10 A 12 ANS, élèves à la pension Muche.

L'ÉLÈVE SÉGUÉDILLE ....   *Daniel Walter*

RÉGIS CASTEL-BÉNAC, conseiller municipal d'une grande ville en France ou ailleurs .   *Pauley*

ROGER DE BERVILLE, vingt-six ans, jeune homme élégant ....   *Guy Derlan*

LE VÉNÉRABLE VIEILLARD ...   *Saint-Paul*

UN AGENT DE POLICE ....   *Martel*

UN MAÎTRE D'HÔTEL ....   *Louis Sance*

SUZY COURTOIS, très jolie femme, la maîtresse de Castel-Bénac	Jeanne Provost
ERNESTINE MUCHE, vingt-deux ans	Lyliane Garcin
LA BARONNE PITART-VERGNIOLLES, quarante-cinq ans	Made Siamé
PREMIÈRE DACTYLO	Micheline Bernard
DEUXIÈME DACTYLO	Thomassin
TROISIÈME DACTYLO	Parys

Topaze *a été présenté pour la première fois à Paris, le mercredi 9 octobre 1928, sur la scène des « Variétés ».*

« *La société, voyez-vous, monsieur, si elle continue elle tuera les justes.* »

(Paroles d'un garçon coiffeur.)

ACTE PREMIER

Une salle de classe à la pension Muche.

Les murs sont tapissés de cartes de géographie, de tableaux des poids et mesures, d'images antialcooliques (foie d'un homme sain, foie alcoolique).

Au-dessus des tableaux, une frise de papier crème, sur laquelle se détachent en grosses lettres diverses inscriptions morales : « Pauvreté n'est pas vice. » « Il vaut mieux SOUFFRIR *le mal que de le* FAIRE. *» « L'oisiveté est la* MÈRE *de* TOUS LES VICES. *» « Bonne renommée vaut* MIEUX *que ceinture dorée. » Au centre, au-dessus de la chaire : «* L'ARGENT NE FAIT PAS LF BONHEUR. *» Au plafond, deux réflecteurs de tôle émaillée auréolent des ampoules électriques.*

Au fond, entre une porte-fenêtre et une armoire, la chaire, sur une petite estrade d'un pied de haut.

A travers les vitres de la porte-fenêtre, on voit passer de temps en temps des enfants qui jouent, ou la silhouette minable de M. Le Ribouchon, qui surveille la récréation.

L'armoire est vitrée, et l'on voit à l'intérieur, sur des étagères, une sorte de bric-à-brac. Des pavés ornés d'étiquettes, un perroquet empaillé, divers bocaux contenant des cadavres d'animaux ou d'insectes. Au-dessus de l'armoire, un globe terrestre en carton, un boisseau, un putois empaillé.

Devant la chaire, deux rangées de bancs d'écoliers, séparées par une allée.

Enfin, à droite, au tout premier plan, une petite armoire. A terre, à côté de l'armoire, un tas de livres en loques.

SCÈNE PREMIÈRE

*Quand le rideau se lève, M. Topaze fait faire une
dictée à un élève. M. Topaze a trente ans
environ. Longue barbe noire qui se termine en
pointe sur le premier bouton du gilet. Col droit,
très haut, en celluloïd, cravate misérable, redingote usée, souliers à boutons.*
*L'Élève est un petit garçon de douze ans. Il tourne
le dos au public. On voit ses oreilles décollées,
son cou d'oiseau mal nourri. Topaze dicte et, de
temps à autre, il se penche sur l'épaule du petit
garçon pour lire ce qu'il écrit.*

TOPAZE, *il dicte en se promenant.*

« Des moutons... Des moutons... étaient en
sûreté... dans un parc; dans un parc. *(Il se penche sur
l'épaule de l'Élève et reprend.)* Des moutons... mou-
tonss... *(L'Élève le regarde, ahuri.)* Voyons, mon
enfant, faites un effort. Je dis *moutonsse*. Étaient *(il
reprend avec finesse) étai-eunnt.* C'est-à-dire qu'il n'y

13

avait pas qu'un *moutonne*. Il y avait plusieurs
moutonsse. »

 L'Élève le regarde, perdu. A ce moment, par une
porte qui s'ouvre à droite au milieu du décor,
entre Ernestine Muche. C'est une jeune fille de
vingt-deux ans, petite-bourgeoise vêtue avec une
élégance bon marché. Elle porte une serviette
sous le bras.

SCÈNE II

L'ÉLÈVE, TOPAZE, ERNESTINE

ERNESTINE

Bonjour, monsieur Topaze.

TOPAZE

Bonjour, mademoiselle Muche.

ERNESTINE

Vous n'avez pas vu mon père?

TOPAZE

Non, M. le directeur ne s'est point montré ce matin.

ERNESTINE

Quelle heure est-il donc?

TOPAZE, *il tire sa montre qui est énorme et presque sphérique.*

Huit heures moins dix, mademoiselle. Le tambour va rouler dans trente-cinq minutes exactement. Vous êtes bien en avance pour votre classe.

ERNESTINE

Tant mieux, car j'ai du travail. Voulez-vous me prêter votre encre rouge?

TOPAZE

Avec le plus grand plaisir, mademoiselle... Je viens tout justement d'acheter ce flacon, et je vais le déboucher pour vous.

ERNESTINE

Vous êtes fort aimable...

> *Topaze quitte son livre, et prend sur le bureau un petit flacon qu'il va déboucher avec la pointe d'un canif pendant les répliques suivantes.*

TOPAZE

Vous allez corriger des devoirs?

ERNESTINE

Oui, et je n'aime pas beaucoup ce genre d'exercice...

TOPAZE

Pour moi, c'est curieux, j'ai toujours eu un penchant naturel à corriger des devoirs... Au point que je me suis parfois surpris à rectifier l'orthographe des affiches dans les tramways ou sur les prospectus que des gens cachés au coin des rues vous mettent dans les mains à l'improviste... *(Il a réussi à ôter le bouchon.)* Voici, mademoiselle. *(Il flaire le flacon débouché avec un plaisir évident, et le tend à Ernestine.)* Et je vous prie de garder ce flacon aussi longtemps qu'il vous sera nécessaire.

ERNESTINE

Merci, monsieur Topaze.

TOPAZE

Tout à votre service, mademoiselle...

ERNESTINE, *elle allait sortir, elle s'arrête.*

Tout à mon service? C'est une phrase toute faite mais vous la dites bien!

TOPAZE

Je la dis de mon mieux et très sincèrement.

ERNESTINE

Il y a quinze jours, vous ne la disiez pas, mais vous étiez beaucoup plus aimable.

TOPAZE, *ému.*

En quoi, mademoiselle?

ERNESTINE

Vous m'apportiez des boîtes de craie de couleur, ou des calendriers perpétuels, et vous veniez jusque dans ma classe corriger les devoirs de mes élèves... Aujourd'hui, vous ne m'offrez plus de m'aider...

TOPAZE

Vous aider? Mais si j'avais sollicité cette faveur, me l'eussiez-vous accordée?

ERNESTINE

Je ne sais pas. Je dis seulement que vous ne l'avez pas sollicitée. *(Elle montre le flacon et elle dit assez sèchement.)* Merci tout de même...

Elle fait mine de se retirer.

TOPAZE, *très ému.*

Mademoiselle, permettez-moi...

ERNESTINE, *sèchement.*

J'ai beaucoup de travail, monsieur Topaze...

Elle va sortir. Topaze, très ému, la rejoint.

TOPAZE, *pathétique.*

Mademoiselle Muche, mon cher collègue, je vous en supplie : ne me quittez pas sur un malentendu aussi complet.

ERNESTINE, *elle s'arrête.*

Quel malentendu ?

TOPAZE

Il est exact que depuis plus d'une semaine je ne vous ai pas offert mes services ; n'en cherchez point une autre cause que ma discrétion. Je craignais d'abuser de votre complaisance, et je redoutais un refus, qui m'eût été d'autant plus pénible que le plaisir que je m'en promettais était plus grand. Voilà toute la vérité.

ERNESTINE

Ah ? Vous présentez fort bien les choses... Vous êtes beau parleur, monsieur Topaze...

Elle rit.

TOPAZE, *il fait un pas en avant.*

Faites-moi la grâce de me confier ces devoirs...

ERNESTINE

Non, non, je ne veux pas vous imposer une corvée...

18

TOPAZE, *lyrique*.

N'appelez point une corvée ce qui est une joie...
Faut-il vous le dire : quand je suis seul, le soir, dans
ma petite chambre, penché sur ces devoirs que vous
avez dictés, ces problèmes que vous avez choisis, et
ces pièges orthographiques si délicatement féminins,
il me semble *(Il hésite puis, hardiment)* que je suis
encore près de vous...

ERNESTINE

Monsieur Topaze, soyez correct, je vous prie...

TOPAZE, *enflammé*.

Mademoiselle, je vous demande pardon; mais
considérez que ce débat s'est engagé de telle sorte que
vous ne pouvez plus me refuser cette faveur sans me
laisser sous le coup d'une impression pénible et
m'infliger un chagrin que je n'ai pas mérité.

ERNESTINE, *après un petit temps*.

Allons, je veux bien céder encore une fois... *(Elle
ouvre sa serviette et en tire plusieurs liasses de devoirs
l'une après l'autre.)*

TOPAZE *les prend avec joie.*
A chaque liasse, il répète avec ferveur.

Merci, merci, merci, merci, merci...

ERNESTINE

Il me les faut pour demain matin.

TOPAZE

Vous les aurez.

ERNESTINE

Et surtout, ne mettez pas trop d'annotations dans les marges... Si l'un de ces devoirs tombait sous les yeux de mon père, il reconnaîtrait votre écriture au premier coup d'œil.

TOPAZE, *inquiet et charmé.*

Et vous croyez que M. le directeur en serait fâché?

ERNESTINE

M. le directeur ferait de violents reproches à sa fille.

TOPAZE

J'ai une petite émotion quand je pense que nous faisons ensemble quelque chose de défendu...

ERNESTINE

Ah! taisez-vous...

TOPAZE

Nous avons un secret... C'est délicieux d'avoir un secret. Une sorte de complicité...

ERNESTINE

Si vous employez de pareils termes, je vais vous demander de me rendre mes devoirs.

TOPAZE

N'en faites rien, mademoiselle, je serais capable de vous désobéir... Vous les aurez demain matin...

ERNESTINE

Soit. Demain matin, à huit heures et demie... Au revoir et pas un mot.

TOPAZE

TOPAZE, *mystérieux.*

Pas un mot.

Ernestine sort par là où elle était venue. Topaze resté seul rit de plaisir et lisse sa barbe. Il met les liasses de devoirs dans son tiroir. Enfin, il reprend son livre et revient vers l'Élève.

TOPAZE

Allons, revenons à nos *moutonsse.*

A ce moment, la porte-fenêtre s'ouvre, et M. Muche paraît.

SCÈNE III

TOPAZE, MUCHE

M. Muche est un gros homme de quarante-huit ans. Il a le teint frais, la nuque épaisse. Courte barbe en pointe très soignée. Une grosse bague au doigt. Chaîne de montre éclatante. Col cassé. Costume neuf marron clair. Il paraît sévère et plein d'autorité. Topaze le salue avec respect.

TOPAZE, *empressé, mais sans servilité.*

Bonjour, monsieur le directeur...

MUCHE

Bonjour, monsieur Topaze. Je désire vous dire deux mots.

TOPAZE

Bien, monsieur le directeur. (*A l'Élève.*) Mon enfant, vous pouvez aller jouer.

L'ÉLÈVE

Merci, m'sieur.

Il ferme son cahier et sort.

MUCHE, *après un petit temps*.

Monsieur Topaze, je suis surpris.

TOPAZE

De quoi, monsieur le directeur?

MUCHE

Vous me forcez à vous rappeler l'article 27 du règlement de la pension Muche : « Les professeurs qui donneront des leçons particulières dans leur classe seront tenus de verser à la direction dix pour cent du prix de ces leçons. »

Or, vous m'aviez caché que vous donniez des leçons à cet élève.

TOPAZE

Monsieur le directeur, ce ne sont pas de véritables leçons.

MUCHE, *sévère*.

Je crains que vous ne jouiez sur les mots.

TOPAZE

Non, monsieur le directeur. Ce sont de petites leçons gratuites.

MUCHE, *stupéfait et choqué*.

Gratuites?

TOPAZE

Oui, monsieur le directeur.

MUCHE, *au comble de la stupeur*.

Des leçons *gratuites?*

TOPAZE, *sur le ton de quelqu'un qui se justifie.*

Cet enfant est très laborieux, mais il avait peine à suivre la classe, car personne ne semble s'être occupé de lui jusqu'ici. Sa famille, si toutefois il en a une...

MUCHE, *choqué.*

Comment, s'il en a une? Croyez-vous que cet enfant soit né par une génération spontanée?

TOPAZE, *rit de ce trait d'esprit.*

Oh! non, monsieur le directeur.

MUCHE

Si ses parents avaient jugé nécessaire de lui faire donner des leçons, ils seraient venus m'en parler. Quant à donner des leçons *gratuites,* je ne sais si vous vous rendez compte de la portée d'une pareille initiative. Si vous donnez des leçons *gratuites,* personne désormais ne voudra payer; vous aurez ainsi privé de pain tous vos collègues, qui ne peuvent s'offrir le luxe de travailler pour rien. Si vous êtes un nabab...

TOPAZE

Oh! n'en croyez rien, monsieur le directeur.

MUCHE

Enfin, cela vous regarde. Mais votre générosité ne saurait vous dispenser de payer la taxe de 10 %. Ce que j'en dis d'ailleurs n'est pas pour une misérable question d'argent, mais c'est par respect pour le règlement, qui doit être aussi parfaitement immuable qu'une loi de la nature.

TOPAZE

Je le comprends fort bien, monsieur le directeur

MUCHE

Parfait. *(Il montre le petit animal empaillé sur le bureau.)* Quel est ce mammifère?

TOPAZE

C'est un putois, monsieur le directeur. Il m'appartient, mais je l'ai apporté pour illustrer une leçon sur les ravageurs de la basse-cour.

MUCHE

Bien. *(Il va près de la petite bibliothèque, et regarde le tas de livres en loques qui est à terre.)* Qu'est-ce que c'est que ça?

TOPAZE

C'est la bibliothèque de fantaisie, monsieur le directeur. Je suis en train de faire, à mes moments perdus, un récolement général.

MUCHE, *sévère.*

Un ouvrage aurait-il disparu?

TOPAZE

Non, monsieur le directeur... Je suis heureux de vous dire que non.

MUCHE

Bien. *(Il va sortir. Topaze le rappelle timidement.)*

TOPAZE

Monsieur le directeur! *(Muche se retourne.)* Je crois que je vais réussir à faire entrer ici un nouvel élève.

.

MUCHE, *indifférent*.

Ah?

TOPAZE

Oui, monsieur le directeur. Et je me permets de vous faire remarquer que c'est le septième.

MUCHE

Le septième quoi?

TOPAZE

Le septième élève que j'ai recruté cette année, pour notre maison.

MUCHE

Vous avez donc rendu un très grand service à sept familles.

TOPAZE

Eh oui, au fait, c'est exact.

MUCHE

D'ailleurs, nous n'avons plus de place et je ne sais pas du tout s'il me sera possible d'accueillir votre petit protégé. Le simple bon sens vous dira que la pension Muche n'est pas dilatable à l'infini. Nos murs ne sont pas en caoutchouc.

TOPAZE, *stupéfait*.

Tiens! Et moi qui croyais que nous avions moins d'élèves que l'année dernière!

MUCHE

Monsieur Topaze, apprenez qu'avant-hier j'ai dû refuser le propre fils d'un grand personnage de la République.

TOPAZE

Ah! c'est fâcheux, monsieur le directeur... Parce que je suis moralement engagé avec cette famille!

MUCHE

Il est imprudent de promettre une faveur quand on n'est point maître de la dispenser. *(Un petit temps.)* Comment s'appelle cet enfant?

TOPAZE

Gaston Courtois.

MUCHE

Je regrette qu'il ne soit point noble. Une particule eût influé sur ma décision. Au moins, est-ce un sujet d'élite?

TOPAZE

Peut-être... Je lui ai donné des leçons pendant un mois, chez sa tante, car ses parents sont au Maroc... Il m'a semblé trouver chez lui une certaine agilité d'esprit, une aptitude à saisir les nuances...

MUCHE

Bien, bien, mais la famille acceptera-t-elle nos conditions? Huit cents francs par mois, un trimestre d'avance?

TOPAZE

Cela va sans dire!

MUCHE

L'élève suivra-t-il les cours supplémentaires?

TOPAZE

Probablement.

MUCHE

Escrime, modelage, chant choral?

TOPAZE

Sans aucun doute.

MUCHE

Cent vingt francs par mois?

TOPAZE

Je le suppose.

MUCHE

Danse, aquarelle, espéranto, deux cents francs?

TOPAZE

La famille en comprendra la nécessité.

MUCHE

Avez-vous dit que nous étions forcés d'ajouter au prix de la pension divers autres suppléments?

TOPAZE

Lesquels, monsieur le directeur?

MUCHE, *automatique.*

Fournitures de plumes et buvards : six francs. Autorisation de boire au robinet d'eau potable : cinq francs. Bibliothèque de fantaisie : vingt francs. Forfait de trente francs pour les petites dégradations du matériel, telles que taches d'encre, noms gravés sur les pupitres, inscriptions dans les cabinets... Enfin six francs par mois pour l'assurance contre les accidents proprement scolaires, comprenant foulures, luxations, fractures, scarlatine épidémique, oreillons et plume dans l'œil. Vous pensez que toutes ces conditions seront acceptées?

TOPAZE

J'en suis persuadé.

MUCHE, *un temps de réflexion.*

C'est donc un sujet d'élite, et je me sens tenu de faire un effort en sa faveur. Et d'autre part, puisque vous avez eu l'imprudence de vous engager, il faut bien que je vous tire de ce mauvais pas.

TOPAZE

Je vous en remercie, monsieur le directeur!

MUCHE

Dites à cette dame que chaque jour perdu est gros de conséquences pour cet enfant. Je l'attends le plus tôt possible.

TOPAZE

Elle doit venir aujourd'hui même.

MUCHE

Bien. J'espère, monsieur Topaze, que je n'oblige pas un ingrat, et qu'un zèle redoublé de votre part me témoignera votre reconnaissance.

TOPAZE

Vous pouvez y compter absolument, monsieur le directeur.

MUCHE

Bien. *(Il se tourne et va sortir. Mais il se ravise et se tourne vers Topaze.)* Ah! voici le dossier que vous m'aviez remis pour les palmes académiques. *(Il fouille dans la chemise qu'il porte à la main depuis le début de la scène.)* Et j'ai le plaisir de vous dire... *(Il cherche toujours.)* le plaisir de vous dire... *(Topaze attend, illuminé.)* que M. l'Inspecteur d'Académie m'a parlé de vous dans les termes les plus flatteurs.

TOPAZE, *au comble de la joie.*

Vraiment?

MUCHE

Il m'a dit : « M. Topaze mérite dix fois les palmes! »

TOPAZE

Dix fois!

MUCHE

« Mérite dix fois les palmes, et j'ai eu presque honte quand j'ai appris qu'il ne les avait pas encore. »

TOPAZE, *il rougit de joie.*

Oh! je suis confus, monsieur le directeur!

MUCHE

« D'autant plus, a-t-il ajouté, que je ne puis pas les lui donner cette année! »

TOPAZE, *consterné.*

Ah! Il ne peut pas!

MUCHE

Hé, non. Il a dû distribuer tous les rubans dont il disposait à des maîtres plus anciens que vous... Tenez, reprenez votre dossier. Ses dernières paroles ont été : « Dites bien à M. Topaze que pour cette année je lui décerne les palmes moralement. »

TOPAZE

Moralement?

MUCHE, *qui sort.*

Moralement. C'est peut-être encore plus beau.

Il sort. Topaze reste un instant songeur, puis il retourne à la bibliothèque de fantaisie, classer ses volumes.

SCÈNE IV

TOPAZE, TAMISE

Entre Tamise. Il a visiblement le même tailleur que Topaze. Mais sa barbe est carrée, et il est plus petit. Serviette sous le bras, parapluie.

TAMISE

Bonjour, mon vieux.

TOPAZE

Tiens! bonjour, Tamise.

TAMISE

Ça ne va pas?

TOPAZE

Mais ça va très bien, au contraire! Figure-toi que M. l'Inspecteur d'Académie a déclaré à M. Muche, parlant à sa personne, qu'il me décernait les palmes académiques moralement.

TAMISE, *soupçonneux.*

Moralement? Qu'est-ce que ça veut dire?

TOPAZE

Ça veut dire qu'il m'en juge digne et il a chargé le patron de m'annoncer, en propres termes, que je les ai moralement.

TAMISE

Oui, ça doit te faire tout de même plaisir, mais enfin tu ne les as pas.

TOPAZE

Oh! évidemment, si on regarde les choses de près, je ne les ai pas.

TAMISE

Et si tu veux que je te dise, ça ne m'étonne qu'à demi.

TOPAZE

Pourquoi?

TAMISE

Quand tu t'es fait inscrire parmi les postulants, je n'ai pas voulu formuler un avis que tu ne me demandais pas. Mais je n'ai pu m'empêcher de penser que tu t'y prenais un peu tôt. Regarde, moi, j'ai huit ans de plus que toi. Est-ce que j'ai demandé quelque chose? Non. J'attends.

TOPAZE

Mon cher, qui ne demande rien n'a rien.

TAMISE

Mais qui obtient trop tôt peut avoir l'air d'un arriviste.

33

TOPAZE

Ah! Tu me crois arriviste?

TAMISE

Non, non, j'ai dit peut avoir l'air!

La porte s'ouvre. Entre Panicault.

SCÈNE V

TOPAZE, TAMISE, PANICAULT

Panicault est très grand, le dos voûté par les ans. Il a largement dépassé la soixantaine. Il a les dents vertes, et marche la pointe des pieds retroussée. Son chapeau de paille a des bords gondolés. Il roule entre ses vieux doigts une cigarette fripée, un parapluie verdâtre pendu au bras.

PANICAULT

Bonjour, mes chers collègues.

TOPAZE

Bonjour, monsieur Panicault.

PANICAULT

Je viens de trouver votre petit mot chez le concierge, et me voici à votre service. De quoi s'agit-il?

TOPAZE

Mon cher collègue, vous êtes notre doyen, et votre classe est un modèle de discipline. Voilà pourquoi, dans un cas difficile, j'ai eu l'idée de vous demander conseil.

PANICAULT

Très flatté. *(Il s'assoit sur le dossier d'un banc et tire de sa poche une énorme boîte d'allumettes soufrées, pour allumer sa cigarette.)* Je vous écoute.

TAMISE, *il fait mine de se retirer.*

Je suis de trop?

TOPAZE

Au contraire, tu vas, toi aussi, profiter de la leçon. *(A Panicault.)* Figurez-vous qu'un de mes élèves — et j'ignore lequel — fait jouer pendant mes classes une sorte de boîte à musique qui n'émet que trois notes : ding! ding! dong!

PANICAULT

Bon.

TAMISE

Ah! les lascars!

PANICAULT

Et qu'avez-vous fait?

TOPAZE

J'ai tout essayé. Allusion, dans mes cours de morale, à la grave responsabilité de l'enfant qui gêne le travail de ses camarades; objurgations directes au délinquant inconnu, promesses d'amnistie complète s'il se dénonce; surveillance presque policière de ceux que je soupçonne : résultat nul. Et je suis sûr que je vais entendre, tout à l'heure encore, ces trois notes ironiques qui détruisent mon autorité et galvaudent mon prestige. Que faut-il faire?

36

TAMISE

Le cas est épineux.

PANICAULT

Oh! pas du tout! La musique, c'est courant.. Tantôt ce sont les becs de plume plantés dans un pupitre; d'autres fois, c'est un élastique tendu qu'on pince avec le doigt; j'ai même vu une petite trompette. Eh bien, moi, chaque fois que j'entends ça, je mets Duhamel à la porte.

TAMISE

Mais comment faites-vous pour savoir que c'est lui?

PANICAULT

Oh! je ne dis pas que c'est toujours lui qui fait la musique; mais c'est toujours lui que je punis.

TOPAZE

Mais pourquoi?

PANICAULT

Parce qu'il a une tête à ça.

TOPAZE

Voyons, mon cher collègue, vous plaisantez?

PANICAULT

Pas le moins du monde.

TAMISE

Alors, vous avez choisi un bouc émissaire, un pauvre enfant qui paie pour tous les autres?

PANICAULT, *choqué*.

Ah! permettez! Duhamel, c'est pour la musique seulement. En cas de boules puantes, je punis le jeune Trambouze. Quand ils ont bouché le tuyau de poêle avec un chiffon, c'est Jusserand qui passa à la porte. Et si je trouve un jour de la colle sur ma chaise, ce sera tant pis pour les frères Gisher!

TOPAZE

Mais c'est un véritable système!

PANICAULT

Parfaitement. Chacun sa responsabilité. Et ça n'est pas si injuste que ça peut en avoir l'air; parce que, voyez-vous, un élève qui a une tête à boucher le tuyau du poêle, il est absolument certain qu'il le bouchera et, neuf fois sur dix, c'est lui qui l'aura bouché.

TOPAZE

Mais la dixième fois?

PANICAULT, *avec noblesse*.

Erreur judiciaire, qui renforce mon autorité. Quand on doit diriger des enfants ou des hommes, il faut de temps en temps commettre une belle injustice, bien nette, bien criante : c'est ça qui leur en impose le plus!

TOPAZE

Mais avez-vous songé à l'amertume de l'enfant innocent et puni?

PANICAULT

Eh oui, j'y songe. Mais quoi! Ça le prépare pour la vie!

TOPAZE

Mais ne croyez-vous pas qu'une petite enquête peut démasquer les coupables?

PANICAULT

Les coupables, il vaut mieux les choisir que les chercher.

TAMISE, *sarcastique*.

Et les choisir à cause de leur tête!

TOPAZE

Ce sont des procédés de Borgia, simplement!

PANICAULT

Eh bien, dites donc, et la vie, est-ce qu'elle ne fait pas comme ça? Tout ce qui nous arrive, c'est toujours à cause de notre tête. Et nous ne serions pas ici tous les trois si nous n'étions pas venus au monde avec ces trois pauvres gueules de pions. *(Topaze tousse et se lisse la barbe.)* Tenez, je vais vous raconter une petite histoire : lorsque j'ai passé mon brevet, en 1876...

A ce moment, on entend la voix d'un élève qui a dû appliquer sa bouche au trou de la serrure. Il crie :

LA VOIX

Panicault! Oh! Panicault!
Tu l'as mangé, l'haricot?

PANICAULT

Ne bougez pas! Continuons à parler, il doit nous ecouter. En voilà un qui va se faire pincer. *(Il s'avance vers la porte à reculons, avec lenteur.)* Il est évident que le brevet élémentaire est un examen périmé...

LA VOIX, *implorante.*

Tu l'as mangé, l'haricot?

PANICAULT, *il continue sa manœuvre.*

On devrait alléger les programmes! *(A voix basse.)* Parlez, bon Dieu!

TAMISE

Mais certainement, certainement!

LA VOIX

Panicault! Oh! Panicault!
Tu l'as mangé, l'haricot?

PANICAULT, *fiévreux, à voix basse.*

Parlez! Parlez!

TOPAZE

Oui, pour le brevet élémentaire, on devrait certainement alléger l'haricot... C'est-à-dire les programmes.

PANICAULT

Il est à quatre pattes devant la porte... Je vois le haut de son derrière de scélérat!...

TAMISE

C'est d'ailleurs exactement la même chose pour le brevet supérieur.

LA VOIX, *vengeresse.*

Tu l'as mangé, l'haricot?
Tu l'as mangé, l'haricot?

> *Tu l'as mangé, l'haricot?*
> *Tu l'as mangé, l'hari...*

Panicault, qui est enfin arrivé à la porte, l'a ouverte brusquement. Il se rue sur un grand pendard en chaussettes, qu'il relève et saisit par le bras.

PANICAULT, *enthousiaste.*

Chez le directeur! Chez le directeur!

LE PENDARD, *hurlant.*

C'est pas moi! C'est pas moi!

PANICAULT

Chez le directeur! Chez le directeur!

Il l'emporte en le secouant avec une fureur triomphale.

SCÈNE VI

TOPAZE, TAMISE

TAMISE

Il sema l'injustice, il récolte l'injure.

TOPAZE

C'est logique. Ma méthode est peut-être moins efficace que la sienne, mais du moins aucun de mes élèves ne m'a jamais demandé si j'avais mangé l'haricot...

TAMISE

Évidemment. Et d'ailleurs, pour ton musicien, moi je vais te donner un plan pour le prendre sur le fait. La première fois que tu entendras la sérénade, reste impassible, continue ton cours comme si tu n'entendais rien, laisse-le s'exciter tout seul. Et, petit à petit, tu te rapproches de la source du bruit *à reculons*. Et quand tu seras à peu près sûr, tu te retournes brusquement, tu sors le bonhomme de son banc et tu glisses la main dans le pupitre. Je te garantis que tu trouveras l'instrument, aussi sûr que je m'appelle Tamise.

TOPAZE

Ce plan me paraît très habile. Je ne vois qu'une objection, c'est que ta manœuvre comporte une feinte, une sorte de comédie préalable, qui n'est peut-être pas absolument loyale.

TAMISE

Le musicien qui t'exaspère depuis quinze jours n'est pas lui-même très loyal.

TOPAZE

Oui, mais c'est un enfant...

Tamise hausse les épaules avec indulgence. La porte de gauche s'ouvre. Entre Ernestine Muche.

SCÈNE VII

LES MÊMES, ERNESTINE

ERNESTINE

Bonjour, messieurs...

TAMISE, *il salue avec respect.*

Mademoiselle...

ERNESTINE

Monsieur Topaze, voulez-vous me prêter la mappemonde?

TOPAZE

Avec le plus grand plaisir, mademoiselle...

Il va ouvrir un petit meuble noir qui contient les cartes et en tire une mappemonde Vidal-Lablache. Il l'offre galamment à Ernestine.

TAMISE, *mondain.*

Vous avez ce matin une classe de géographie?

ERNESTINE

Oui, une leçon sur la répartition des continents et des mers.

44

TOPAZE

Voici, mademoiselle...

ERNESTINE

Je vous remercie, monsieur Topaze.

Elle sourit, elle sort. Topaze lui ouvre la porte.

TAMISE

Mon cher, je te demande pardon... Si je n'avais pas été là, elle serait peut-être restée... Il me semble que ça marche assez fort?

TOPAZE

Et tu ne sais pas tout! *(Confidentiel.)* Tout à l'heure, elle m'a positivement relancé.

TAMISE, *étonné et ravi.*

Ah! bah?

TOPAZE

Elle m'a reproché ma froideur, tout simplement.

TAMISE, *même jeu.*

Ah! bah?

TOPAZE

Elle n'a pas dit « froideur » bien entendu... Mais elle me l'a fait comprendre, avec toute sa pudeur de jeune fille. Et j'ai obtenu qu'elle me confie encore une fois les devoirs de ses élèves.

TAMISE

Elle a accepté?

TOPAZE

Les voici. *(Il désigne les liasses de devoirs.)* Les voici.

TAMISE

Et alors, tu n'as pu faire autrement que lui avouer ta flamme?

TOPAZE

Non. Non. Oh! je lui en ai dit de raides, mais je ne suis pas allé jusqu'à l'aveu.

TAMISE

Non?

TOPAZE

Non.

TAMISE

Eh bien, je ne sais pas si tu t'en rends compte, mais tu es un véritable Joseph!

TOPAZE

Mais non, mais non... Considère qu'il s'agit de la main d'Ernestine Muche...

TAMISE, *pensif*.

C'est vrai. C'est un gros coup... Tu as visé haut, Topaze.

TOPAZE

Et si je réussis, beaucoup de gens, peut-être, diront que j'ai visé trop haut.

TAMISE

Évidemment... On pourra croire que tu as profité de ton physique pour mettre la main sur la pension Muche...

TOPAZE

C'est vrai, ça.

TAMISE, *un petit temps de réflexion,*
puis brusquement.

Et après tout, il faut être ambitieux... A la première occasion, le grand jeu.

TOPAZE

Le grand jeu. Qu'entends-tu par le grand jeu?

TAMISE

Tu prépares le terrain par des regards significatifs. Tu sais, les yeux presque fermés... le regard filtrant...

Il rejette légèrement la tête en arrière et ferme les yeux à demi pour donner un exemple du regard « filtrant ».

TOPAZE

Tu crois que c'est bon?

TAMISE

Si tu le réussis, c'est épatant. Ensuite, tu t'approches d'elle, tu adoucis ta voix, et vas-y.

TOPAZE

Vas-y... Mais comment y va-t-on?

TAMISE

Un peu d'émotion, un peu de poésie, et une demande en bonne et due forme. Si tu vois qu'elle

47

hésite, sois hardi. *(Il fait le geste de prendre une femme dans ses bras.)* Un baiser.

TOPAZE

Un baiser! Mais que dira-t-elle?

TAMISE

Il se pourrait qu'elle se pâmât soudain, en murmurant « Topaze... Topaze. »

TOPAZE

Ça, ce serait formidable, mais je n'ose pas l'espérer.

TAMISE

On ne sait jamais. Ou alors il se pourrait que sa pudeur lui inspirât une petite réaction, par exemple elle te repoussera, elle te dira : « Que faites-vous là, monsieur? » Mais ça n'a aucune importance. Tant qu'elle n'appelle pas : « Au secours », ça veut dire : « Oui. »

TOPAZE, *après un temps.*

Comment, le baiser? Sur le front?

TAMISE

Malheureux! Un baiser sur la *bouche!*

TOPAZE

Sur la bouche... Tu as fait ça, toi?

TAMISE, *gaillard.*

Vingt fois.

TOPAZE, *décidé.*

J'essaierai... Ce qui m'inquiète davantage, c'est le père.

TAMISE

Ah!... le père, ce n'est certainement pas la même manœuvre.

TOPAZE

Je suis sûr qu'il m'estime et qu'il me sait parfaitement honnête... Mais un refus de sa part me ferait tellement de peine que... Je crois qu'il faudrait le sonder...

TAMISE

Toi, je te vois venir : tu veux que je m'en charge!

TOPAZE

Je n'osais pas te le demander.

TAMISE

Entendu. A la première occasion.

TOPAZE

Fais ça discrètement, qu'il ne se doute de rien.

TAMISE

Oh! Tu me connais. Je m'approcherai de la question à pas de loup.

TOPAZE

Le moment me paraît favorable, car ce matin même je lui ai annoncé l'arrivée d'un nouvel élève.

TAMISE

Où l'as-tu déniché?

TOPAZE

C'est un enfant à qui je donnais des leçons en ville et j'ai conseillé à la famille de le mettre ici.

TAMISE

Eh! gros malin! Tu as fait plaisir au patron mais
tu risques de perdre des leçons!

TOPAZE

Je ne tiens pas à les conserver.

TAMISE

Mal payées?

TOPAZE

Au contraire. Mais c'est toute une histoire. Figure-
toi que cet enfant habite chez une jeune femme qui
est sa tante. Toute jeune. Ni mariée, ni divorcée, ni
veuve.

TAMISE, *perplexe*.

Alors, qu'est-ce qu'elle est?

TOPAZE

Je la crois orpheline. Mais fort riche... Le premier
jour, elle m'a reçu dans un boudoir des *Mille et une
Nuits*. Des étoffes de soie, des tableaux anciens, des
coussins par terre. Le tapis était épais, souple, et avec
ça — ça a l'air d'une blague! — il dépasse sous la
porte jusqu'au bas des escaliers.

TAMISE, *petit sifflement*.

Fu-ou... ça suppose de la fortune.

TOPAZE

Oh!... tu penses! Presque tous les jours, après ma
leçon, un monsieur fort distingué — qui doit être un
domestique, quoiqu'il soit toujours en habit — me
conduisait dans ce boudoir et la jeune femme

m'interrogeait sur les progrès de l'enfant... Eh bien, mon cher, c'est peut-être à cause du décor, ou du parfum qu'elle répand, mais chaque fois que je lui ai parlé, je n'ai jamais pu savoir ce que je lui avais dit...

TAMISE, *ton de blâme navré.*

Oh!... Oh!... Tu n'es pas mondain pour un sou.

TOPAZE

J'aurais bien voulu t'y voir. Elle s'asseyait sur un coussin, elle avait des bas tissés de la plus fine soie et de petits souliers précieux... En peau de gant, ou en peau de serpent, et même une fois en or...

TAMISE, *décisif.*

Vu : c'est une chanteuse.

TOPAZE, *violent.*

Allons donc. Ne juge pas aussi brutalement une personne que tu n'as jamais vue. C'est une femme du monde, et du grand monde... J'ai rencontré plusieurs fois chez elle un monsieur qui a dû être un ami de son père, et qui porte la rosette de la Légion d'honneur... Et alors, voilà ce que j'ai pensé...

A ce moment, on voit par la fenêtre un grand mouvement dans la cour. M. Le Ribouchon passe, affolé. On le voit revenir presque immédiatement. Il précède, son feutre à la main, une femme extrêmement élégante. Topaze donne tous les signes de la plus vive émotion.

TOPAZE

Sacré bon Dieu! La voilà!... C'est elle... Va-t'en... C'est elle...

La porte s'ouvre. M. Le Ribouchon se penche, et dit d'une voix d'eunuque.

LE RIBOUCHON

Monsieur Topaze, une dame désire vous parler... *(Il se retourne vers la dame qui le suit.)* Le voici, madame...

Il s'efface pour laisser entrer la dame, et referme la porte. Tamise se retire dans sa classe.

SCÈNE VIII

SUZY, TOPAZE

C'est Mme Suzy Courtois qui vient d'entrer. Elle a vingt-cinq ans, elle est très jolie, et vêtue avec une grande élégance. Petit chapeau de feutre sur des cheveux blonds, un vison splendide sur une robe très moderne. Elle s'avance en souriant vers Topaze qui s'efforce de faire bonne contenance.

SUZY

Bonjour, monsieur Topaze...

TOPAZE

Bonjour, madame.

SUZY

J'ai voulu visiter la pension Muche avant de voir le directeur... Et je crois que j'ai bien fait...

TOPAZE

Mais certainement, madame, sans aucun doute possible, madame. Et si vous voulez bien me le permettre, je vais vous précéder jusqu'au bureau de M. Muche qui sera charmé de vous voir.

SUZY

Ici, c'est votre classe?

TOPAZE

Oui. madame.

SUZY

Où sont les autres cours de récréation?

TOPAZE, *étonné*.

Les autres cours?

SUZY

J'imagine que ces enfants peuvent aller jouer dans une sorte de jardin?

TOPAZE

Non, madame. non. Je comprends que cette cour peut vous paraître petite, mais elle est en réalité agrandie par un règlement adroit. M. Muche a remarqué qu'un élève qui court occupe beaucoup plus de place qu'un élève immobile. Il a donc interdit tous les jeux qui exigent des déplacements rapides, et la cour s'en est trouvée agrandie...

SUZY

C'est en partant du même principe que l'on arrive à faire tenir dans un tout petit bocal un grand nombre d'anchois... *(Topaze sourit faiblement.)* Ces portes, tout autour, ce sont les classes?

TOPAZE

Oui, madame, il y en a six, comme vous voyez.

SUZY

Eh bien, mon cher monsieur Topaze, la pension Muche n'est pas du tout ce que j'imaginais...

TOPAZE

Ah! oui? souvent on imagine les choses d'une façon, et puis la réalité est tout autre.

SUZY

Oui, tout autre...

TOPAZE

Vous pensiez peut-être que ma classe serait plus petite, ou que nous avions encore l'éclairage au gaz?

SUZY

Non. Je pensais que la pension Muche se composait d'autre chose que cinq ou six caves autour d'un puits.

TOPAZE

Ah? En somme, votre impression serait plutôt défavorable?

SUZY

Nettement.

TOPAZE, *consterné*.

Ah! Nettement! Fort bien!

SUZY

Je sais que vous êtes un excellent professeur, mais ce que je vois de la pension Muche m'ôte l'envie d'y enfermer un enfant.

TOPAZE

Tant pis, tant pis, madame.

SUZY

J'espère que cette décision ne vous blesse pas?

TOPAZE

C'est un petit contretemps, rien de plus... Je dis contretemps, parce que j'avais déjà parlé à M. Muche de la brillante recrue que je me flattais de lui annoncer. Il croira certainement que j'avais parlé à la légère.

SUZY

Dans ce cas, j'irai le voir moi-même et je lui expliquerai la chose de façon à dégager entièrement votre responsabilité.

TOPAZE

Vous êtes trop bonne, madame.

SUZY

Quant à Gaston, vous viendrez désormais lui donner chaque jour deux heures de leçon.

TOPAZE

Deux heures? C'est malheureusement impossible. Mon emploi du temps ne m'en laisse pas le loisir.

SUZY

Eh bien, dans ce cas, vous viendrez une heure, comme par le passé.

SCÈNE IX

LES MÊMES MUCHE

MUCHE, *souriant, la bouche enfarinée, paraît.*
Il s'efforce de paraître homme du monde.

Monsieur Topaze, faites-moi, je vous prie, la grâce de me présenter.

TOPAZE

J'ai l'honneur, madame, de vous présenter M. le directeur. *(A Muche.)* Mme Courtois, dont je vous parlais tout à l'heure.

MUCHE

Madame, je suis profondément honoré...

SUZY

Je suis charmée, monsieur... M. Topaze vous a parlé d'un projet...

MUCHE

Mais oui, madame...

SUZY

Qui n'est encore qu'un projet... J'ai un neveu..

MUCHE, *automatique*.

Charmant enfant.

SUZY

Vous le connaissez?

MUCHE

Pas encore, mais mon excellent collaborateur m'en a dit le plus grand bien.

SUZY

Sur le conseil de M. Topaze, j'ai songé à vous le confier.

MUCHE

C'est une heureuse idée, madame... Cet enfant, en qui je devine un sujet d'élite, ne peut manquer de s'épanouir tout naturellement entre nos mains. Nous avons une grande habitude de ces jeunes intelligences qui sont comme des fleurs en bouton, et qu'il faut déplier feuille à feuille, sans les froisser ni les déformer.

SUZY

J'en suis certaine. Cependant, je dois vous dire que ma résolution n'est pas encore définitive. L'enfant est d'une santé fragile et je voudrais d'abord consulter un médecin, pour savoir s'il pourra supporter les fatigues de l'internat.

MUCHE

Madame, permettez-moi de vous dire que nous avons pour ainsi dire la spécialité des enfants malingres, et que tous repartent d'ici avec de bonnes joues et des membres revigorés.

SUZY

En somme, vous diriez presque que la pension Muche est un sanatorium ?

MUCHE

Je n'irai pas jusque-là, madame : mais je ne doute pas que votre neveu, en moins d'un an, ne gagne ici autant de vigueur que de science.

SUZY

Je ne suis pas loin de le croire... Et je suis toute disposée à en faire l'expérience, si toutefois le médecin le permet.

MUCHE

Madame, quelle que soit la décision que vous prendrez, je serai toujours reconnaissant à M. Topaze qui m'a fourni l'occasion de vous être présenté.

SUZY

Vous avez là le plus précieux des collaborateurs, monsieur.

MUCHE

Oh ! je le sais, madame, et il n'ignore pas lui-même qu'il a mon estime et mon amitié.

SUZY

Il mérite certainement les deux. Au revoir, monsieur, Topaze. Je vous attends donc ce soir à cinq heures pour la leçon de Gaston.

TOPAZE

C'est entendu, madame.

MUCHE, *il ouvre la porte, laisse passer Suzy
et la suit tout en parlant.*

Si vous voulez me permettre, madame, de vous
précéder jusque dans mon bureau, je pourrai vous
montrer les brillants résultats obtenus par nos élèves
aux différents examens, et vous donner un aperçu de
nos méthodes pédagogiques, qui sont parmi les plus
modernes et les plus...

SCÈNE X

TOPAZE, *resté seul, réfléchit quelques secondes. Il murmure :*

« *Ça va s'arranger... Ça va probablement s'arranger...* »

SCÈNE XI

TOPAZE, ERNESTINE

Ernestine entre par la porte de gauche. Elle rapporte le flacon d'encre rouge.

ERNESTINE

Eh bien, cher collègue, vous en recevez des belles dames!

TOPAZE, *rougissant.*

Cette personne est un parent d'élève. C'est-à-dire que son neveu...

ERNESTINE

C'est-à-dire que je comprends pourquoi vous m'avez négligée depuis quelque temps!

TOPAZE, *très ému*

Mademoiselle!

ERNESTINE

Vous portiez vos calendriers perpétuels à d'autres! Tenez, voilà votre encre. Je vous la rends, quoique cette dame ne me paraisse guère en avoir besoin.

TOPAZE

Mademoiselle, je vous en supplie, ne vous fâchez pas!

ERNESTINE

Monsieur Topaze, je ne mé fâche pas; je viens au contraire vous demander un grand service.

TOPAZE

Je tiens à vous dire que je suis à votre entière disposition.

ERNESTINE

Nous allons voir. *(Elle se rapproche.)* Figurez-vous que je prends des leçons de chant.

TOPAZE

Ah! je suis sûr que vous avez une très jolie voix!

ERNESTINE

Oui, très jolie. Je vais chez mon professeur le jeudi matin, de dix heures à midi. Mon père ne sait pas que je prends ces leçons. C'est un petit secret entre ma mère et moi.

TOPAZE, *attendri.*

Je vous remercie de cette confidence... C'est un petit secret de plus entre nous.

ERNESTINE

Exactement. Or, M. le directeur vient de décider que le service d'été commencera jeudi prochain. Ça ne vous dit rien?

TOPAZE

Ça me dit beaucoup, naturellement. Beaucoup. Mais, dans le détail, je ne vois pas exactement quoi.

ERNESTINE

Eh bien, il va falloir que, le jeudi matin, j'emmène à la promenade tous les élèves de la classe enfantine. De dix à douze.

TOPAZE

De dix à douze. *(Frappé d'une idée.)* Ah! Mais alors, vous voilà forcée de renoncer à vos leçons de chant!

ERNESTINE

Sans aucun doute.

TOPAZE

Mais c'est navrant! Il est évident que vous ne pouvez être à la même heure en deux endroits différents!

ERNESTINE

Comprenez-vous quel service je veux vous demander?

TOPAZE

Parfaitement. Vous voulez que j'expose la situation à M. Muche, et qu'il change l'heure de la promenade?

ERNESTINE

Pas du tout. Je veux que vous conduisiez la promenade à ma place.

64

TOPAZE

Mais oui! *(Joyeux.)* Et moi qui n'ai justement rien à faire le jeudi matin!

ERNESTINE

Parfait. Je vais donc dire à mon père que vous demandez à conduire la promenade, parce que, comme vous ne sortez jamais, ça vous donnera l'occasion de prendre l'air.

TOPAZE

Excellent! O ruse féminine! *(Il se rapproche d'elle. Avec émotion.)* Mademoiselle Muche... C'est avec une joie profonde que je mènerai ces enfants à la promenade, parce que je... parce que je vous aime. *(Il fait le regard filtrant.)*

ERNESTINE

Monsieur Topaze, je vous en prie...

TOPAZE, *il se rapproche.*
Son regard est de plus en plus filtrant.

Je vous aime... Non pas d'une passion perverse et déshonorante... mais d'un amour honnête et profond, pour tout dire, conjugal. *(Il s'est encore rapproché. Elle a peine à retenir son envie de rire. Il la prend brusquement dans ses bras.)* Laissez-moi vous dire... Laissez-moi vous dire... *(Il l'embrasse. Elle le repousse vigoureusement et le gifle.)*

ERNESTINE

Monsieur Topaze, à quoi pensez-vous? Est-ce ainsi qu'on s'adresse à une jeune fille? Tâchez de ne pas recommencer cette plaisanterie, je vous prie. Et n'oubliez pas que jeudi vous faites la promenade à ma place.

Elle sort.

TOPAZE

Elle a eu la petite réaction prévue... Divine pudeur... Mais elle n'a pas appelé au secours, je crois que ça y est! *(Il se frotte la joue et répète.)* Divine pudeur!

Un terrible roulement de tambour est répercuté par les quatre murs de la citerne.

On voit à travers la porte-fenêtre des enfants qui se mettent en rang devant la classe. Topaze va leur ouvrir la porte. Mais ils n'entrent pas. Ils attendent son ordre. Il dit « Allez! » Toute la classe, qui se compose d'une douzaine de gamins de dix à douze ans, entre. Ils sont deux par deux.

SCÈNE XII

TOPAZE, LES ÉLÈVES

Les enfants vont à leur place où ils restent debout, les bras croisés, à côté de leur banc. Topaze, debout sur l'estrade, attend que cette manœuvre soit terminée. Alors les enfants s'assoient. Ils ouvrent leurs serviettes; ils sortent des cahiers, des livres. Quelques-uns bavardent. Topaze, immobile, surveille tout ce mouvement d'un air sévère.

TOPAZE, *voix autoritaire:*

Monsieur Cordier, vous croyez-vous sur une place publique?

M. Cordier, douze ans, baisse le nez vers son cahier.

TOPAZE

Monsieur Jusserand, aujourd'hui encore vous avez négligé d'arracher la feuille quotidienne. *(Il montre le calendrier.)* Je vous retire le calendrier.

JUSSERAND, *écœuré.*

Ben vrai!

TOPAZE, *sévèrement.*

Silence, monsieur! *(Puis avec une bienveillance épanouie.)* Monsieur Blondet, vos notes de cette

semaine sont excellentes, je vous confie le calendrier.
Dépouillez-le donc aussitôt de cette feuille périmée.

BLONDET

Merci, m'sieur!

> *M. Blondet va arracher la feuille qu'il jette dans
> le panier à papiers. Cependant, Topaze est allé
> s'asseoir à sa chaire. Il tire de sa poche le
> formidable oignon, et le pose devant lui. Il
> ouvre ses tiroirs et en sort divers accessoires ;
> carnets de notes, porte-plume, un petit chiffon
> pour éclaircir ses lunettes, un essuie-plumes,
> etc. On voit sous la chaire, entre le bas d'un
> pantalon luisant et des bottines à boutons, ses
> chaussettes de coton blanc. Un silence.*

TOPAZE, *solennel.*

Demain matin, de huit heures et demie à neuf
heures et demie, composition de morale. Inscrivez, je
vous prie, la date de ce concours sur vos cahiers de
texte individuels.

> *Remue-ménage. On ouvre des cahiers. Topaze se
> lève, va au tableau, prend la craie, et écrit en
> grosses lettres*

Mercredi 17 janvier.

> *A ce moment, au dernier banc, avec des chuchote-
> ments irrités, deux élèves échangent quelques
> horions*

TOPAZE, *au tableau sans tourner la tête.*

Monsieur Kerguézec, je n'ai pas besoin de tourner
la tête pour savoir que c'est vous qui troublez la
classe...

TOPAZE

Il écrit sur la deuxième ligne : Composition de
morale. *A ce moment, l'élève Séguédille, assis
au fond à droite, accomplit l'exploit qu'il
préparait depuis son entrée. Avec un fil de
caoutchouc, il lance un morceau de papier roulé
qui va frapper le tableau à côté de Topaze. Le
professeur se retourne brusquement, comme mû
par un ressort. Les yeux fermés, la barbe
hérissée, il tend un index menaçant vers la
gauche de la classe et crie.*

TOPAZE

Kerguézec! A la porte... Je vous ai vu. *(Silence de
mort. L'élève Séguédille, la tête baissée, rigole doucement.)* Kerguézec, inutile de vous cacher. Je vous
ordonne de sortir. *(Silence.)* Où est Kerguézec?

L'ÉLÈVE CORDIER, *il se lève timidement.*

Sieur, il est absent depuis trois jours...

TOPAZE, *démonté.*

Ah! il est absent? Eh bien, soit, il est absent.
Quant à vous, monsieur Cordier, je vous conseille de
ne pas faire la forte tête. Allons, écrivez. *(Un silence.
Topaze est allé se rasseoir à sa chaire. Et il commence
sa leçon.)* Pour nous préparer à la composition de
morale qui aura lieu *(Il montre l'inscription au
tableau.)* demain mercredi, nous allons faire aujour-
d'hui, oralement, une sorte de révision générale.
Toutefois, avant de commencer cette révision, je veux
parler à l'un d'entre vous, à celui qui depuis quelques
jours trouble nos classes par une musique inoppor-
tune. Je le prie, pour la dernière fois, de ne point
recommencer aujourd'hui sa petite plaisanterie que je
lui pardonne bien volontiers. Je suis sûr qu'il a

compris et que je n'aurai pas fait appel en vain à son sens moral. *(Un très court silence. Puis la musique commence, plus ironique que jamais. Topaze rougit de colère, mais se contient.)* Bien : désormais, j'ai les mains libres. *(Un silence.)* Travaillons. *(Un court silence.)* Je vous préviens tout de suite. La question que vous aurez à traiter demain, et qui décidera de votre rang, ne sera pas une question particulièrement limitée comme le serait une question sur la patrie, le civisme, les devoirs envers les parents ou les animaux. Non. Ce sera plutôt, si j'ose dire, une question fondamentale sur les notions de bien et de mal, ou sur le vice et la vertu. Pour vous préparer à cette épreuve, nous allons nous pencher sur les mœurs des peuples civilisés, et nous allons voir ensemble quelles sont les nécessités *vitales* qui nous forcent d'obéir à la loi *morale,* même si notre esprit n'était pas *naturellement porté à la respecter. (On entend chanter la musique. Topaze ne bronche pas.)* Prenons des exemples dans la réalité quotidienne. Voyons. *(Il cherche un nom sur son carnet.)* Élève Tronche-Bobine... *(L'élève Tronche-Bobine se lève, il est emmitouflé de cache-nez ; il a des bas à grosses côtes, et un sweater de laine sous sa blouse.)* Pour réussir dans la vie, c'est-à-dire pour y occuper une situation qui corresponde à votre mérite, que faut-il faire ?

L'ÉLÈVE TRONCHE, *réfléchit fortement.*

Il faut faire attention.

TOPAZE

Si vous voulez. Il faut faire... attention à quoi ?

L'ÉLÈVE TRONCHE, *décisif.*

Aux courants d'air.

Toute la classe rit.

TOPAZE, *il frappe à petits coups rapides
sur son bureau pour rétablir le silence.*

Élève Tronche, ce que vous dites n'est pas entièrement absurde, puisque vous répétez un conseil que
vous a donné madame votre mère, mais vous ne
touchez pas au fond même de la question. Pour
réussir dans la vie, il faut être... Il faut être?...
*(L'élève Tronche sue horriblement, plusieurs élèves
lèvent le doigt pour répondre en disant : « M'sieur...
M'sieur... ». Topaze repousse ces avances.)* Laissez
répondre celui que j'interroge. Élève Tronche, votre
dernière note fut un zéro. Essayez de l'améliorer... Il
faut être ho... ho...

*Toute la classe attend la réponse de l'élève
Tronche. Topaze se penche vers lui.*

L'ÉLÈVE TRONCHE, *perdu.*

Horrible!

*Éclat de rire général accompagné d'une ritournelle
de boîte à musique.*

TOPAZE, *découragé.*

Zéro, asseyez-vous. *(Il inscrit le zéro.)* Il faut être
honnête. Et nous allons vous en donner quelques
exemples décisifs. D'abord toute entreprise malhonnête est vouée par avance à un échec certain.
(Musique. Topaze ne bronche pas.) Chaque jour,
nous voyons dans les journaux que l'on ne brave
point impunément les lois humaines. Tantôt c'est le

71

crime horrible d'un fou qui égorge l'un de ses
semblables, pour s'approprier le contenu d'un portefeuille ; d'autres fois, c'est un homme alerte, qui,
muni d'une grande prudence et d'outils spéciaux,
ouvre illégalement la serrure d'un coffre-fort pour y
dérober des titres de rente ; tantôt, enfin, c'est un
caissier qui a perdu l'argent de son patron en
l'engageant à tort sur le résultat futur d'une course
chevaline. *(Avec force.)* Tous ces malheureux sont
aussitôt arrêtés, et traînés par les gendarmes aux
pieds de leurs juges. De là, ils seront emmenés dans
une prison pour y être péniblement régénérés. Ces
exemples prouvent que le mal reçoit une punition
immédiate et que s'écarter du droit chemin, c'est
tomber dans un gouffre sans fond. *(Musique.)*
Supposons maintenant que par extraordinaire un
malhonnête homme... ait réussi à s'enrichir. Repré-
sentons-nous cet homme, jouissant d'un luxe mal
gagné. Il est admirablement vêtu, il habite à lui seul
plusieurs étages. Deux laquais veillent sur lui. Il a, de
plus, une servante qui ne fait que la cuisine, et un
domestique spécialiste pour conduire son automobile. Cet homme a-t-il des amis ?

> *L'élève Cordier lève le doigt. Topaze lui fait
> signe. Il se lève.*

CORDIER

Oui, il a des amis.

TOPAZE, *ironique.*

Ah ? vous croyez qu'il a des amis ?

CORDIER

Oui, il a beaucoup d'amis.

TOPAZE

Et pourquoi aurait-il des amis?

CORDIER

Pour monter dans son automobile.

TOPAZE, *avec feu.*

Non, monsieur Cordier... Des gens pareils... s'il en existait, ne seraient que de vils courtisans... L'homme dont nous parlons n'a point d'amis. Ceux qui l'ont connu jadis savent que sa fortune n'est point légitime. On le fuit comme un pestiféré. Alors, que fait-il?

ÉLÈVE DURANT-VICTOR

Il déménage.

TOPAZE

Peut-être. Mais qu'arrivera-t-il dans sa nouvelle résidence?

DURANT-VICTOR

Ça s'arrangera.

TOPAZE

Non, monsieur Durant-Victor, ça ne peut pas s'arranger, parce que quoi qu'il fasse, où qu'il aille, il lui manquera toujours l'approbation de sa cons... de sa cons...

Il cherche des yeux l'élève qui va répondre. L'élève Pitart-Vergniolles lève le doigt.

PITART-VERGNIOLLES

De sa concierge.

Explosion de rires.

TOPAZE, *grave*.

Monsieur Pitart-Vergniolles, j'aime à croire que cette réponse saugrenue n'était point préméditée. Mais vous pourriez réfléchir avant de parler. Vous eussiez ainsi évité un zéro qui porte à votre moyenne un coup sensible. *(Il inscrit le zéro fatal.)* Ce malhonnête homme n'aura jamais l'approbation de sa conscience. Alors, tourmenté jour et nuit, pâle, amaigri, exténué, pour retrouver enfin la paix et la joie, il distribuera aux pauvres toute sa fortune parce qu'il aura compris que...

Pendant ces derniers mots, Topaze a pris derrière lui un long bambou et il montre, du bout de cette badine, l'une des maximes sur le mur

TOUTE LA CLASSE, *en chœur, d'une voix chantante*.

Bien mal acquis ne profite jamais...

TOPAZE

Bien. Et que...

Il montre une autre maxime.

TOUTE LA CLASSE, *même jeu*.

L'argent ne fait pas le bonheur...

TOPAZE

Parfait. Voyons maintenant le sort de l'honnête homme. Élève Séguédille, voulez-vous me dire quel est l'état d'esprit de l'honnête homme après une journée de travail?

ÉLÈVE SÉGUÉDILLE

Il est fatigué.

74

TOPAZE

Vous avez donc oublié ce que nous avons dit vingt fois dans cette classe. Le travail est-il fatigant?

ÉLÈVE BERTIN, *il se lève, les bras croisés et récite d'un trait.*

Le travail ne fatigue personne. Ce qui fatigue, c'est l'oisiveté, mère de tous les vices.

TOPAZE

Parfait! Monsieur Bertin, je vous donne dix. Si cet honnête homme est caissier, même dans une grande banque, il rendra ses comptes avec une minutie scrupuleuse et son patron charmé l'augmentera tous les mois. *(A ce moment, la musique commence à vibrer frénétiquement. Topaze se lève.)* S'il est commerçant, il repoussera les bénéfices exagérés ou illicites: il en sera récompensé par l'estime de tous ceux qui le connaissent et dont la confiance fera prospérer ses affaires. *(Topaze se rapproche peu à peu de l'élève Séguédille.)* Si une guerre éclate, il ira s'engager dans l'armée de son pays et s'il a la chance d'être gravement blessé, le gouvernement l'enrichira d'une décoration qui le désignera à l'admiration de ses concitoyens. Tous les enfants le salueront sans le connaître, et sur son passage, les vieillards diront entre eux : « Passez à la porte, immédiatement! »

Topaze s'est brusquement retourné et s'est précipité sur l'élève Séguédille.

SÉGUÉDILLE, *terrorisé.*

C'est pas moi... c'est pas moi...

TOPAZE, *triomphant.*

Ah! ce n'est pas vous!... Sortez de votre banc; sortez! *(Il le tire hors de son banc et il passe sa main sous le pupitre et en tire un moulinet à musique.)* Ah! ah!... voici l'instrument. *(Il le fait sonner.)* Monsieur Séguédille, votre affaire est claire... Vous prenez donc ma bonté pour de la faiblesse? *(Silence.)* Ma patience pour de l'aveuglement? Ha, ha! monsieur Séguédille, sachez que le gant de velours cache une main de fer... *(Il brandit sa main, les doigts écartés.)* Et si vous avez le mauvais esprit, je vous briserai. *(M. Séguédille, tremblant, se prépare à sortir.)* Où allez-vous?

SÉGUÉDILLE

A la porte.

TOPAZE, *il le regarde un instant.*

Eh bien, non. Restez ici. *(Il le met au piquet près de la bibliothèque.)* Sous les yeux de vos camarades qui vous jugent sévèrement. *(Éclat de rire général. Topaze frappe sur son bureau. Silence.)* A la fin de la classe, je statuerai sur votre sort. Jusque-là, je vous condamne à *l'incertitude...* *(Un temps.)* Après cet incident pénible, revenons à nos travaux... Nous disions donc...

La porte s'ouvre. Tous les élèves se lèvent, les bras croisés. Entre M. Muche, qui précède la baronne Pitart-Vergniolles. Elle a quarante ans depuis cinq ans et de la moustache. M. Topaze se lève, s'avance vers M. Muche et salue profondément la baronne.

SCÈNE XIII

TOPAZE, MUCHE, LA BARONNE

MUCHE

Monsieur Topaze, Mme la baronne Pitart-Vergniolles désire vous parler.

TOPAZE

Monsieur le directeur, je suis à votre entière disposition, quoique ma leçon ne soit point terminée... Et il serait peut-être préférable, dans l'intérêt des élèves...

MUCHE

La matière ne souffre point de retard. *(Il se tourne vers les élèves qui sont restés debout.)* Mes enfants, vous pouvez aller jouer. *(A Topaze.)* J'ai prévenu M. Le Ribouchon qui les surveillera.

> *Les élèves sortent. L'un d'eux se détache des rangs et vient embrasser la baronne. C'est le jeune Pitart-Vergniolles.*

MUCHE, *souriant.*

Le charmant enfant...

LA BARONNE, *à Topaze*

Je viens vous demander, monsieur Topaze, ce que vous pensez du travail de mon fils Agénor...

TOPAZE

Madame, je serai très heureux de vous le dire, mais je préférerais que cet enfant n'entendît pas notre conversation.

MUCHE, *à la baronne.*

Excellent principe... Allez rejoindre vos camarades... *(La baronne embrasse l'enfant qui sort.)* Enfant sympathique et bien élevé.

LA BARONNE, *à Topaze.*

Il vous aime beaucoup, monsieur. Il parle souvent de vous à son père en des termes qui marquent une grande estime.

TOPAZE

J'en suis très heureux, madame.. Je tiens à mériter l'estime de mes élèves...

MUCHE

Vous l'avez, mon cher Topaze. Je dirai même que vous avez gagné leur affection.

> *Topaze se rengorge et sourit.*

LA BARONNE

L'enfant vous apprécie à tel point qu'il a exigé que je vienne vous demander des leçons particulières...

MUCHE, *à Topaze.*

Tout à votre louange...

TOPAZE

J'en suis très flatté, madame...

LA BARONNE

Il en a eu envie comme d'une friandise ou d'un jouet... C'est charmant, n'est-ce pas? Je viens donc vous dire, monsieur, que vous lui donnerez chaque semaine autant d'heures que vous voudrez, et au prix que vous fixerez...

MUCHE

Hé, hé... très significatif...

LA BARONNE

Quand on a la chance de rencontrer un maître de cette valeur, le mieux que l'on puisse faire, c'est de s'en remettre à lui entièrement...

TOPAZE

Madame, j'en suis confus...

LA BARONNE

Et de quoi seriez-vous confus? D'être la perle des professeurs?

TOPAZE

Oh! madame...

LA BARONNE

C'est donc entendu. Vous viendrez chez moi demain soir et vous me mettrez au courant de ce que vous aurez décidé pour le nombre et le prix des leçons.

TOPAZE

C'est entendu, madame. Je vais vous dire, d'ailleurs, tout de suite quelles sont mes heures de liberté... *(Il feuillette un petit carnet.)*

LA BARONNE

Demain, demain... Permettez-moi maintenant de vous parler d'une affaire qui me tient à cœur...

MUCHE

Oh! Une bagatelle qui sera promptement rectifiée...

TOPAZE

De quoi s'agit-il, madame?

LA BARONNE, *elle tire de son sac une enveloppe.*

Je viens de recevoir les notes trimestrielles de mon fils et je n'ai pas osé montrer ce bulletin à son père...

MUCHE

J'ai déjà expliqué à Mme la baronne qu'il y a eu sans doute une erreur de la part du secrétaire qui recopie vos notes...

TOPAZE

Je ne crois pas, monsieur le directeur... Car je n'ai pas de secrétaire, et ce bulletin a été rédigé de ma main...

Il prend le bulletin et l'examine.

MUCHE, *il appuie sur certaines phrases.*

Mme la baronne, qui vient de vous demander des *leçons particulières, a trois enfants dans notre maison,* et je lui ai moi-même de *grandes obligations!*... C'est pourquoi je ne serais pas étonné qu'il y *eût* une erreur.

TOPAZE, *regarde le bulletin.*

Pourtant, ces notes sont bien celles que j'ai données à l'élève...

LA BARONNE

Comment? *(Elle lit sur le bulletin.)* Français : zéro. Calcul : zéro. Histoire : un quart. Morale : zéro.

MUCHE

Allons! Regardez bien, monsieur Topaze... Regardez *de plus près,* avec *toute votre perspicacité...*

TOPAZE

Oh! c'est vite vu... Il n'a eu que des zéros... Je vais vous montrer mes cahiers de notes... *(Il prend un cahier ouvert.)*

MUCHE, *il lui prend le cahier et le ferme.*

Écoutez-moi, mon cher ami. Il n'y a pas grand mal à se tromper : *Errare humanum est, perseverare diabolicum. (Il le regarde fixement entre les deux yeux.)* Voulez-vous être assez bon pour refaire le calcul de la moyenne de cet enfant?

TOPAZE

Bien volontiers... Ce ne sera pas long...

Il s'installe à sa chaire, ouvre plusieurs cahiers et commence ses calculs. Cependant, la Baronne et Muche, debout, de part et d'autre de la chaire, échangent quelques phrases à haute voix, tout en regardant Topaze.

MUCHE

Aurez-vous bientôt, madame la baronne, l'occasion de rencontrer M. l'Inspecteur d'Académie?

LA BARONNE

Je le verrai mercredi, car c'est le mercredi soir qu'il

a son couvert chez moi... C'est un ancien condisciple du baron, il a pour nous une très grande amitié...

MUCHE

Il a beaucoup d'estime pour notre ami M. Topaze, mais il n'a pas pu lui donner les palmes cette année... Il ne les lui a décernées que moralement.

LA BARONNE

Oh!... M. Topaze aura son ruban à la première occasion. Je vous le promets!

MUCHE

Dites donc, mon cher ami, Mme la baronne promet que vous aurez réellement les palmes l'an prochain...

TOPAZE, *il relève la tête.*

Ce serait vraiment une grande joie, madame... Cette nouvelle est pour moi plus que vous ne pensez, madame...

MUCHE

Vous avez retrouvé l'erreur?

TOPAZE

Mais non... Il n'y a pas d'erreur...

MUCHE, *impatienté.*

Voyons, voyons, soyez logique avec vous-même!... Vous croyez Mme la baronne quand elle vous dit que vous aurez les palmes et vous ne la croyez pas quand elle affirme qu'il y a une erreur!

TOPAZE

Mais, madame, je vous jure qu'il n'y a pas d'erreur

possible. Sa meilleure note est un 2... Il a eu encore un zéro hier, en composition mathématique... Onzième et dernier : Pitart-Vergniolles...

LA BARONNE, *elle change de ton.*

Et pourquoi mon fils est-il dernier?

MUCHE, *il se tourne vers Topaze.*

Pourquoi dernier?

TOPAZE

Parce qu'il a eu zéro.

MUCHE, *à la Baronne.*

Parce qu'il a eu un zéro.

LA BARONNE

Et pourquoi a-t-il eu zéro?

MUCHE, *il se tourne vers Topaze sévèrement.*

Pourquoi a-t-il eu zéro?

TOPAZE

Parce qu'il n'a rien compris au problème.

MUCHE, *à la Baronne, en souriant.*

Rien compris au problème.

LA BARONNE

Et pourquoi n'a-t-il rien compris au problème? Je vais vous le dire, monsieur Topaze, puisque vous me forcez à changer de ton. (*Avec éclat.*) Mon fils a été le dernier parce que la composition était truquée.

MUCHE

Était truquée!... ho! ho! ceci est d'une gravité exceptionnelle...

Topaze est muet de stupeur et d'émotion.

LA BARONNE

Le problème était une sorte de labyrinthe à propos de deux terrassiers qui creusent un bassin rectangulaire. Je n'en dis pas plus.

MUCHE, *à Topaze, sévèrement.*

Mme la baronne n'en dit pas plus!

TOPAZE

Madame, après une accusation aussi infamante, il convient d'en dire plus.

MUCHE

Calmez-vous, cher ami.

LA BARONNE, *à Topaze.*

Nierez-vous qu'il y ait dans votre classe un élève nommé Gigond?

MUCHE, *à Topaze.*

Un élève nommé Gigond?

TOPAZE

Nullement. J'ai un élève nommé Gigond.

MUCHE, *à la Baronne.*

Un élève nommé Gigond.

LA BARONNE, *brusquement.*

Quelle est la profession de son père?

TOPAZE

Je n'en sais rien !

LA BARONNE, *à Muche sur le ton de quelqu'un qui porte un coup décisif.*

Le *père* du nommé Gigond *a une entreprise de terrassement.* Dans le *jardin* du nommé Gigond, il y a un *bassin rectangulaire.* Voilà. Je n'étonnerai personne en disant que le nommé Gigond a été premier.

MUCHE, *sévèrement.*

Que le nommé Gigond a été premier. *(A la baronne en souriant.)* Mon Dieu, madame...

TOPAZE, *stupéfait.*

Mais je ne vois nullement le rapport...

LA BARONNE, *avec autorité.*

Le problème a été choisi pour favoriser le nommé Gigond. Mon fils l'a compris tout de suite. Et il n'y a rien qui décourage les enfants comme l'injustice et la fraude.

TOPAZE, *tremblant et hurlant.*

Madame, c'est la première fois que j'entends mettre en doute ma probité... qui est entière, madame... qui est entière...

MUCHE, *à Topaze.*

Calmez-vous, je vous prie. Certes, on peut regretter que le premier en mathématiques soit précisément un élève qui, par la profession de son père, et par la nature même du bassin qu'il voit chez lui, ait pu bénéficier d'une certaine familiarité avec les données du problème. *(Sévèrement.)* Ceci d'ailleurs ne se reproduira plus. car j'y veillerai... Mais d'autre part, madame. *(la main sur le cœur)* je puis vous affirmer l'entière bonne foi de mon collaborateur.

LA BARONNE

Je ne demande qu'à vous croire. Mais il est impossible d'admettre que mon fils soit dernier.

MUCHE, *à Topaze.*

Impossible d'admettre que son fils soit dernier.

TOPAZE

Mais, madame, cet enfant est dernier, c'est un fait.

LA BARONNE

Un fait inexplicable.

MUCHE, *à Topaze.*

C'est peut-être un fait, mais il est inexplicable.

TOPAZE

Mais non, madame, et je me charge de vous l'expliquer.

LA BARONNE

Ah! vous vous chargez de l'expliquer! Eh bien. je vous écoute, monsieur.

TOPAZE

Madame, cet enfant est en pleine croissance.

LA BARONNE

Très juste.

TOPAZE

Et physiquement, il oscille entre deux états nettement caractérisés.

MUCHE

Hum...

TOPAZE

Tantôt il bavarde, fait tinter des sous dans sa poche, ricane sans motif et jette des boules puantes. C'est ce que j'appellerai la période active. Le deuxième état est aussi net. Une sorte de dépression. A ces moments-là, il me regarde fixement, il paraît m'écouter avec une grande attention. En réalité, les yeux grands ouverts, il dort.

LA BARONNE, *elle sursaute.*

Il dort?

MUCHE

Ceci devient étrange. Vous dites qu'il dort?

TOPAZE

Si je lui pose une question, il tombe de son banc.

LA BARONNE

Allons, monsieur, vous rêvez.

TOPAZE

Non, madame, je veux vous parler dans son intérêt, et je sais que ma franchise lui sera utile, car les yeux d'une mère ne voient pas tout.

MUCHE

Allons, mon cher Topaze, je crois que vous feriez beaucoup mieux de trouver l'erreur.

LA BARONNE, *à Muche.*

Laissez parler M Topaze Je crois qu'il va nous

dire quelque chose d'intéressant. Qu'est-ce que les yeux d'une mère ne peuvent pas voir?

TOPAZE, *convaincu et serviable.*

Regardez bien votre fils, madame. Il a un faciès terreux, les oreilles décollées, les lèvres pâles, le regard incertain.

LA BARONNE, *outrée.*

Oh!

MUCHE, *en écho.*

Oh!

TOPAZE, *rassurant.*

Je ne dis pas que sa vie soit menacée par une maladie aiguë : non. Je dis qu'il a probablement des végétations, ou peut-être le ver solitaire, ou peut-être une hérédité chargée, ou peut-être les trois à la fois. Ce qu'il lui faut, c'est une surveillance médicale.

Pendant les dernières phrases, la baronne a retiré de son sac un face-à-main, et elle examine Topaze.

LA BARONNE, *à Muche.*

Mais qu'est-ce que c'est que ce galvaudeux mal embouché?

MUCHE, *sévère et hurlant.*

Monsieur Topaze! *(Humble et désolé.)* Madame la baronne!

TOPAZE

Mais, madame...

88

LA BARONNE

Un pion galeux qui se permet de juger les Pitart-Vergniolles!

MUCHE

Monsieur Topaze, c'est incroyable... Vous jugez les Pitart-Vergniolles !

LA BARONNE

Un crève-la-faim qui cherche à raccrocher des leçons particulières...

TOPAZE

Mais je parlais en toute sincérité..

LA BARONNE

Et ça court après les palmes!

TOPAZE

Mais, madame, je les ai déjà moralement.

MUCHE, *sarcastique.*

Moralement! Faites des excuses, monsieur, au lieu de dire de pareilles niaiseries! Chère madame...

LA BARONNE

Monsieur Muche, si ce diffamateur professionnel doit demeurer dans cette maison, je vous retire mes trois fils séance tenante. Quant à ce bulletin hypocrite, voilà ce que j'en fais.

Elle déchire le bulletin, jette les morceaux au nez de Topaze et sort. M. Muche, affolé, la suit, en bégayant : « Madame la baronne... Madame la baronne. » Topaze reste seul, ahuri... Soudain, Muche rentre, terrible.

SCÈNE XIV

MUCHE, TOPAZE

MUCHE

Monsieur, vous avez parlé à cette dame avec une audace stupéfiante. Tâchez de la rejoindre avant qu'elle n'ait quitté cette maison, et présentez-lui vos excuses!

TOPAZE

Si je l'ai offensée, je n'en avais pas l'intention.

MUCHE

Courez le lui dire et obtenez votre pardon, sinon votre carrière ici sera gravement compromise.

TOPAZE

J'y cours, monsieur le directeur, j'y cours.

Muche, resté seul, se promène fébrilement de long en large. Tamise entre, souriant, par la gauche.

SCÈNE XV

MUCHE, TAMISE

TAMISE

Bonjour, monsieur le directeur.

MUCHE

Bonjour.

TAMISE

Je désirerais, monsieur le directeur, vous demander un conseil.

MUCHE

Venez me voir dans mon bureau à midi.

TAMISE

Monsieur le directeur, je m'excuse d'insister, mais j'aimerais vous parler tout de suite, car je crois que c'est le moment.

MUCHE, *qui regarde du côté de la fenêtre.*

Je vous écoute.

TAMISE, *machiavélique.*

Monsieur le directeur, vous n'êtes pas seulement le maître et le chef de cette maison, mais vous en êtes, à coup sûr, la plus haute autorité morale.

MUCHE, *distrait*.

Si vous voulez.

TAMISE

C'est pourquoi je voudrais avoir votre opinion sur une affaire qui n'a rien de scolaire... *(Un temps, Muche le regarde d'un œil froid.)* J'ai un ami, qui est jeune, bien fait de sa personne et qui me paraît avoir un certain avenir.

MUCHE

Eh bien?

TAMISE

Cet ami est amoureux d'une jeune fille qui, de son côté, n'est pas indifférente aux charmes de mon ami, puisqu'elle lui a donné des encouragements très nets.

MUCHE

Eh bien?

TAMISE

Tout ceci, normalement, devrait se terminer par un mariage, mais il y a une certaine différence de fortune et de situation. Mon ami est lieutenant, le père de la jeune fille est général. Et voici la question que je veux vous poser. Si mon ami tente une démarche auprès du général, comment sera-t-il reçu?

MUCHE

Voilà qui mérite examen... Votre ami est-il un parfait honnête homme?

TAMISE

Pour ça, j'en réponds!

MUCHE

Le général est-il homme de cœur?

TAMISE

Oh! oui, il a une âme de général.

MUCHE

Que votre ami présente sa demande. Il sera reçu à bras ouverts, du moins, je le crois.

TAMISE, *un large sourire.*

Eh bien, le général, c'est vous!

MUCHE, *stupéfait.*

Moi, général?

TAMISE

Le lieutenant, c'est Topaze, et la jeune fille, c'est la toute gracieuse Mlle Muche.

MUCHE

Comment, Topaze veut épouser ma fille?

TAMISE

Oui

MUCHE

Et vous dites qu'elle lui a donné des encouragements?

TAMISE

Nets, mais discrets et dignes d'une jeune fille de bonne famille...

MUCHE

Par exemple?

TAMISE

Quand elle a des devoirs à corriger, elle les lui confie, ils se retrouvent ici même pendant les récréations... Bref, c'est une idylle...

MUCHE

Je vais étudier la question...

TAMISE

Que dois-je dire à Topaze?

MUCHE

Rien. Je lui parlerai moi-même.

TAMISE

J'aurais aimé lui rapporter...

MUCHE, *ex abrupto*.

J'ai moi aussi une question à vous poser. Croyez-vous que l'électricité soit un fluide gratuit?

TAMISE, *déconcerté*.

Dans quel sens?

MUCHE

Hier, en quittant votre classe, vous avez négligé d'éteindre les quatre lampes qui l'éclairent. Elles brûlaient encore ce matin à huit heures, j'ai dû les éteindre de ma main. C'est pour cette raison que je vous retiendrai, à la fin du mois, quinze francs, plus dix francs d'amende.

TAMISE

Mais il me semble pourtant..

TOPAZE

MUCHE

D'autre part, si vous exerciez sur vos élèves une surveillance plus attentive, je n'aurais pas eu le déplaisir de lire sur un pupitre de votre classe une inscription gravée au couteau qui dit en majuscules de cinq centimètres : Muche égale salaud.

TAMISE

Sur quel pupitre?

MUCHE

Allez-y voir, monsieur Tamise. Tâchez de découvrir le coupable, sinon je vous prierai de remplacer le pupitre à vos frais. Et puisque vous me demandez conseil, je vais vous donner celui-ci : il vaudrait mieux vous occuper de votre métier que de faire l'entremetteur bénévole, et de jouer les valets de comédie. Au revoir...

Tamise, médusé, se dirige à reculons vers la sortie. Il veut parler encore une fois. Muche le coupe net.

MUCHE

Je ne vous retiens pas.

Il sort, écrasé.

SCÈNE XVI

MUCHE, ERNESTINE

MUCHE, *il ouvre la porte de la classe d'Ernestine.*

Ernestine... viens ici... *(Elle entre.)* Est-il vrai que tu fasses corriger tous tes devoirs par Topaze?

ERNESTINE

Oui, c'est vrai.

MUCHE

Pourquoi?

ERNESTINE

Parce que c'est un travail qui me dégoûte. Cette classe enfantine, j'en ai horreur. Pendant que d'autres se promènent avec des manteaux de fourrure, je reste au milieu de trente morveux... Tu crois que c'est une vie?

MUCHE

C'est la vie d'une institutrice.

ERNESTINE

Puisque je la supporte, tu n'as rien à dire. Et si je trouve un imbécile qui corrige mes devoirs, je ne vois pas en quoi je suis coupable...

MUCHE

Je ne te reproche pas de faire faire ton travail par un autre. Le principe même n'est pas condamnable Mais pour quelle raison cet idiot fait-il ton travail?

ERNESTINE

Parce que je le fais marcher.

MUCHE

Ouais... Tu ne lui as rien donné en échange?

ERNESTINE

Rien.

MUCHE

Alors, pourquoi s'imagine-t-il que tu l'aimes? Il a l'intention de me demander ta main.

ERNESTINE

Il peut toujours la demander!

MUCHE

Comment aurait-il cette audace si les choses n'étaient pas allées plus loin que tu ne le dis? Allons, dis-moi la vérité. Qu'y a-t-il entre vous?

ERNESTINE

Rien. Il me fait les yeux doux.

MUCHE

C'est tout?

ERNESTINE

Il a même essayé de m'embrasser.

MUCHE

Où?

ERNESTINE

Ici.

MUCHE, *il se prend la tête à deux mains.*

Malheureuse!... Dans une classe!... Tous les enfants pouvaient le voir, le raconter à leur famille! Tu veux donc chasser les derniers élèves qui nous restent?

ERNESTINE

Oh! pour ça, la cuisinière s'en charge!

MUCHE, *violent.*

Réponds à ce que je te dis, au lieu de diffamer la maison de ton père! Il n'y a rien d'autre entre vous?

ERNESTINE

Mais non, voyons! Pour qui me prends-tu!

MUCHE

Bien.

Il fait quelques pas, les mains derrière le dos, les dents serrées, le front barré de trois plis verticaux entre les sourcils. On voit enfin Topaze paraître sur la porte. Il a perdu son lorgnon. Il marche presque à tâtons, les yeux clignés, il se dirige vers la chaire

SCÈNE XVII

LES MÊMES, TOPAZE

TOPAZE

Monsieur le directeur, cette dame refuse de m'entendre tant que je n'aurai pas retrouvé cette erreur! *(Avec violence.)* Et pourtant, il n'y en a pas! Je ne peux pourtant pas inventer une erreur!

MUCHE, *glacial.*

Taisez-vous, taisez-vous, monsieur! On peut duper les gens pendant longtemps, mais il vient toujours un moment où le bandeau tombe, où les yeux s'ouvrent, où l'imposteur est démasqué. Monsieur, vous êtes la honte de cette maison!

TOPAZE

Monsieur le directeur...

MUCHE

Vous donnez en cachette des leçons *gratuites* pour déconsidérer l'enseignement...

TOPAZE

Monsieur le directeur...

MUCHE

Vous m'annoncez des élèves qu'on refuse ensuite de nous confier. Vous refusez de retrouver une erreur, quand c'est un parent d'élève qui l'exige; vous truquez les compositions!

TOPAZE

Mais, monsieur le directeur!

MUCHE

Et pour comble, vous ajoutez à la sottise et à la mauvaise foi la lubricité la plus scandaleuse!

TOPAZE

Moi? Moi? Mademoiselle Muche...

MUCHE

Ici même, dans cette classe, et sous les yeux de nos enfants épouvantés, n'avez-vous pas essayé de déshonorer ma fille!

TOPAZE

Moi? Moi?

MUCHE

C'est par égard pour cette maison que je ne ferai pas appeler la police. Passez à la caisse immédiatement. A partir d'aujourd'hui, dix heures, vous n'appartenez plus à l'établissement. Venez, Ernestine!

Il entraîne sa fille et disparaît.

TOPAZE

Monsieur le directeur! Monsieur Muche!... *(Ils*

sont partis. Il a un geste de désespoir.) A la porte,
ιoi... Mais c'est monstrueux!...

> *Il réfléchit un moment ; on le devine prêt à courir
> chez Muche, puis il se retient. Pensif, il se
> relève, boutonne sa redingote, puis il ouvre les
> tiroirs de sa chaire et fait ses paquets en silence.
> Il prend les liasses de devoirs que lui a confiés
> Ernestine, les regarde.*

C'est la journée des malentendus!

> *Puis il glisse dans sa serviette tous ses accessoires,
> manchettes de lustrine, porte-plume, crayons,
> cahiers. Il prend sur l'armoire le putois empaillé
> et se dispose à partir. Soudain, une idée le
> frappe. Il dépose le putois sur l'estrade, et
> revient vers le tableau. Il efface l'inscription
> qui s'y trouve et écrit en grosses lettres : « LA
> COMPOSITION DE MORALE EST
> AJOURNÉE. »*
> *Puis, tristement, il sort.*

RIDEAU.

ACTE II

Un boudoir très moderne
chez Mme Suzy Courtois.

SCÈNE PREMIÈRE

SUZY, CASTEL-BÉNAC

SUZY

Régis, est-ce que vous vous moquez de moi?

CASTEL-BÉNAC

Mais non, mon chéri, je te jure que je t'ai réservé cent mille francs.

SUZY

Eh bien moi, je vous jure que vous m'en donnerez cent cinquante si vous tenez à revenir dans cette maison.

CASTEL-BÉNAC

Écoute, Minouche, cent cinquante, c'est un gros cadeau.

SUZY

Mais il ne s'agit pas d'un cadeau. Je réclame ma part. Dirait-on que j'attends vos cadeaux sans rien faire?

CASTEL-BÉNAC

Il est certain que tu me donnes des conseils précieux, mais tout de même, si le maire a voté pour moi les balayeuses automobiles, c'est parce que j'ai voté pour lui l'affaire des urinoirs souterrains qui vont lui rapporter une fortune...

SUZY

Régis, je vous prie de me respecter.

CASTEL-BÉNAC

A propos de quoi?

SUZY

Je n'aime pas du tout cette façon de mettre des urinoirs dans la conversation. Dites-moi clairement que vous voulez m'escroquer ma part et épargnez-moi vos grossièretés. *(Un temps.)* Il me faut cent cinquante billets avant le 15.

CASTEL-BÉNAC

Écoute, coco, en ce moment je n'ai aucune disponibilité.

SUZY

Allons donc! l'affaire des balayeuses va faire rentrer presque un million.

CASTEL-BÉNAC

Un million pour le brut, mais elle est très lourde. En plus des pots-de-vin habituels il faut verser quatre-vingts billets au secrétaire de la Fédération des balayeurs.

SUZY

Pourquoi? Les balayeurs devraient être bien contents d'avoir des machines.

CASTEL-BÉNAC

Ceux qui seront sur les machines seront bien contents; mais ceux qu'on va foutre à la porte?

SUZY

Pourquoi?

CASTEL-BÉNAC

L'achat des balayeuses entraîne la suppression de deux cents balayeurs, c'est même en insistant sur cette économie que j'ai enlevé le vote du conseil municipal. La Fédération fera du bruit, si je n'achète pas le secrétaire. Et puis, il y a la presse, il y a... ma femme.

SUZY

Comment votre femme?

CASTEL-BÉNAC

Il faut bien que je lui offre un vison ou une voiture.

SUZY

Mon cher, je ne savais pas que vous aviez assez peu de délicatesse pour raconter vos escroqueries à votre femme.

CASTEL-BÉNAC

Mais je ne lui raconte rien du tout. Chaque mois elle va lire les délibérations du conseil, et quand elle voit que j'ai fait voter quelque chose, elle me réclame sa part; c'est automatique; l'année dernière, quand j'ai fait donner à Bernard Shaw le titre de citoyen, elle n'a jamais voulu croire que c'était à l'œil, elle a exigé vingt billets.

SUZY

Et tu as été assez bête pour les donner?

CASTEL-BÉNAC

J'ai été assez prudent pour les donner; toi qui as toujours peur qu'il nous arrive des histoires, tu ne devrais pas me faire ce reproche.

SUZY

Oui, évidemment. Mais quand on donne un vison à sa femme, on ne refuse pas cent cinquante mille francs à sa maîtresse.

CASTEL-BÉNAC

Coco, regarde le bilan... tu verras. *(Il lui tend une feuille de papier.)*

SUZY, *elle refuse de la prendre.*

Ça ne m'intéresse pas.

CASTEL-BÉNAC

Regarde et tu verras que si je te donne cent cinquante j'y suis de ma poche.

SUZY

Eh bien, vous êtes là pour ça.

CASTEL-BÉNAC

Oh! comme c'est méchant ce que tu viens de dire là.

SUZY

C'est oui ou c'est non?

CASTEL-BÉNAC

C'est oui.

Entre un maître d'hôtel qui annonce M Roger de Berville.

SUZY

Une minute. *(Le maître d'hôtel sort.)* Pourquoi vient-il ici?

CASTEL-BÉNAC

C'est moi qui l'ai convoqué.

SUZY

Tu as une nouvelle affaire en vue?

CASTEL-BÉNAC

Mais non, c'est pour les balayeuses.

SUZY

Comment, l'adjudication sera close demain et ce n'est pas réglé?

CASTEL-BÉNAC

En principe tout est réglé, mais il n'a pas encore signé.

SUZY

Il n'a pas voulu.

CASTEL-BÉNAC

Il n'a pas pu. Depuis quinze jours, il avait un bras en écharpe.

SUZY

Oh! oh! qu'est-ce que c'est que cette histoire-là?

CASTEL-BÉNAC

Oh! Un accident banal... Son démarreur était coincé, il a voulu remettre en marche à la main, et il a pris un retour de manivelle, voilà tout.

SUZY, *sarcastique.*

Oui, voilà tout. Eh bien, mon cher, ça y est, vous êtes roulé.

CASTEL-BÉNAC

Roulé? Pourquoi?

SUZY

Parce que le petit jeune homme vous a joué la comédie, afin de signer au dernier moment.

CASTEL-BÉNAC

Mais puisqu'il vient signer à temps...

SUZY

A quelles conditions?

CASTEL-BÉNAC

Cinq pour cent, comme d'habitude.

SUZY

Comptez là-dessus.

CASTEL-BÉNAC

Comment? Tu crois qu'il aurait machiné sa petite affaire, et...

SUZY

Il faut que tout soit réglé ce soir, sinon l'affaire est ratée. Moi, si j'étais à sa place, tu n'y couperais pas de trente-cinq pour cent... Avec lui, ça sera du trente.

CASTEL-BÉNAC, *hagard*.

Si ce petit voyou m'a fait ce coup-là...

SUZY

Doucement, mon cher, doucement. Ce n'est plus le moment de crier. Tâchons de voir ce qu'on peut encore sauver de l'affaire. *(Elle sonne le Maître d'hôtel.)* Faites entrer M. de Berville. *(Le Maître d'hôtel sort.)* Essayez de l'amadouer en lui promettant la nouvelle agence, puisque aussi bien nous avons l'intention de la lui donner! Et surtout, tâchez d'éviter ces explosions d'injures et de mots orduriers qui ne peuvent que gâter une affaire. Soyez calme et distingué, si vous le pouvez.

Entre Roger de Berville.

SCÈNE II

LES MÊMES, plus ROGER DE BERVILLE

ROGER

Bonjour, chère madame, comment allez-vous?

SUZY

Fort bien, et vous-même?

ROGER

Le mieux du monde.

CASTEL-BÉNAC

Alors ce bobo, c'est guéri?

ROGER

Oui, presque... le décollement de l'olécrane est en bonne voie, et les ligaments de la face interne paraissent suffisamment resserrés.

CASTEL-BÉNAC, *il tâte son bras*.

Eh bien, tant mieux. Tu vois, il avait un décollement de l'olécrane, et un relâchement des ligaments de...

112

SUZY

Oui, il vient de nous le dire. *(A Roger.)* Vous signez?

ROGER

Je l'espère.

CASTEL-BÉNAC

Vous avez apporté les pièces nécessaires pour le dépôt de la soumission?

ROGER

Oui, cher ami. Extrait de naissance et casier judiciaire.

CASTEL-BÉNAC

Eh bien, si nous passions tout de suite dans les bureaux pour cette petite formalité?

ROGER

Ah! vous avez de nouveaux bureaux?

SUZY

Oui. Régis vient d'acheter l'immeuble voisin, et tout le premier étage est transformé en bureaux. J'ai fait percer le mur ici.

ROGER

Oui, c'est la porte dérobée qui conduit chez la princesse! Ces bureaux, je crois, sont destinés à une agence? Il me semble que vous m'aviez parlé de ça, il y a quelque temps!

CASTEL-BÉNAC

Mon cher, il s'agit en effet d'une agence qui centralisera toutes les affaires de fournitures à la

113

ville. Naturellement, nous aurons un directeur général : situation considérable... Nous ne l'avons pas encore choisi, d'ailleurs... *(Il cligne un œil vers Suzy.)* Passez, cher ami...

ROGER

Après vous.

CASTEL-BÉNAC

Mon cher ami... Je suis presque chez moi...

ROGER

Non, non, montrez-moi le chemin...

CASTEL-BÉNAC

Mon cher ami, je n'en ferai rien !

ROGER

Soit !

Il passe. Castel-Bénac le suit et referme la porte. Suzy s'installe sur le divan et commence à préparer des cocktails. Entre le Maître d'hôtel.

LE MAITRE D'HOTEL

Madame, monsieur le professeur est arrivé.

SUZY

Bien, conduisez-le chez Gaston, et dites-lui qu'il vienne me voir après sa leçon.

LE MAITRE D'HOTEL

Il demande si madame veut le recevoir tout de suite.

SUZY

Bien, qu'il entre.

Le Maître d'hôtel sort. Puis, M. Topaze entre. Il a mis son costume de la distribution des prix.

SCÈNE III

SUZY, TOPAZE

SUZY

Bonjour, monsieur Topaze.

TOPAZE

Bonjour, madame.

SUZY

Vous avez quelque chose à me dire? Je vous écoute. Asseyez-vous donc.

Topaze s'assoit sur un quart de fesse, au bord d'un fauteuil.

TOPAZE

Ce matin même, madame, vous m'avez demandé s'il me serait possible de donner à M. Gaston deux heures de leçon chaque jour... Eh bien, madame, je viens vous dire que si vous avez la bonté de maintenir cette proposition, je suis tout prêt à l'accepter.

SUZY

Impossible maintenant. Le père de Gaston sera de passage ici demain, il emmène l'enfant avec lui.

TOPAZE, *déçu.*

Ah! fort bien, madame, fort bien.

SUZY

Vous avez l'air déçu. Et pourtant, ce matin, quand je vous demandais ces deux heures, vous m'avez répondu que vous manquiez de temps.

TOPAZE

C'est exact, madame. Mais à partir d'aujourd'hui dix heures, j'ai beaucoup plus de loisirs.

SUZY

M. Muche a réduit votre emploi du temps?

TOPAZE, *avec effort.*

Oui, il l'a réduit, en fait il l'a même réduit à rien.

SUZY

Et il vous paie pour ne rien faire?

TOPAZE

C'est-à-dire qu'il a réduit mon traitement dans les mêmes proportions.

SUZY

Dites tout de suite qu'il vous a remercié?

TOPAZE

Même pas. En fait, il m'a mis à la porte.

SUZY

Oh... C'est bien fâcheux... J'espère que ma visite n'y est pour rien?

TOPAZE

Oh! non, madame... Il y a eu simplement une suite invraisemblable de malentendus...

SUZY

Mais alors, qu'allez-vous faire?

TOPAZE

Si M. Muche ne me rappelle pas, je chercherai des leçons.

SUZY

Si parmi mes relations je puis vous trouver des élèves, je ne manquerai pas de vous les adresser.

TOPAZE

Je vous en serai très reconnaissant, madame. Est-il utile que j'aille donner une dernière leçon à M. Gaston?

SUZY

Mais oui, monsieur Topaze. L'enfant vous attend.

TOPAZE

Je lui ferai faire une petite dictée d'adieu.

SUZY

Oui, très bien... Et n'oubliez pas, avant de partir, de me remettre la note de vos honoraires...

TOPAZE

Bien, madame... A tout à l'heure, madame...

Il salue et sort.

SCÈNE IV

SUZY, CASTEL-BÉNAC, ROGER

*La porte du bureau s'ouvre, Castel-Bénac en sort
suivi de Roger.*

CASTEL-BÉNAC, *calme et froid.*

Eh bien, soit, cher ami, n'en parlons plus.

ROGER, *mondain.*

Étant donné la différence de nos points de vue, je
crois qu'il serait inutile de prolonger la discussion

SUZY, *comme effrayée.*

Vous n'allez pas parler d'affaires, au moins?

ROGER

Non, chère madame, rassurez-vous, nous avons
fini.

SUZY, *elle tend un coffret.*

Cigarette?

ROGER

Bien volontiers... Êtes-vous allée au concert ces
temps-ci?

119

SUZY

Oui... J'ai entendu les chœurs de la chapelle Sixtine. Ils sont merveilleux.

ROGER

Ah! la pureté de ces voix! On se sent transporté au-dessus des banalités quotidiennes... J'en ai pleuré, parole d'honneur. *(A Castel.)* J'espère, cher ami, que vous n'avez pas manqué ce régal?

CASTEL-BÉNAC, *sarcastique.*

Malheureusement, je n'ai pas pu accompagner madame. Je m'étais démanché l'olécrane et distendu le ligament.

ROGER, *avec un étonnement parfaitement naturel.*

Comment? vous aussi?

CASTEL-BÉNAC, *il éclate,*
il suffoque de colère contenue.

Ah! sacré bon Dieu! *(Les yeux au plafond.)* Renégat, vendu, margoulin! Écraser la tête sous mon pied, comme un putois. *(Il se frappe la poitrine.)* A un homme comme moi!

SUZY, *sévèrement.*

Qu'avez-vous, cher ami?

CASTEL-BÉNAC, *il montre Roger du doigt.*

Cent mille francs!

SUZY

Comment, cent mille francs?

CASTEL-BÉNAC

Pour les balayeuses, il exige cent mille francs!

120

ROGER

Et monsieur m'en offre cinquante.

SUZY

Cinquante, ce n'est pas beaucoup, mais cent, c'est énorme...

ROGER, *souriant.*

Oh! Énorme?

CASTEL-BÉNAC

Si ce n'est pas une exigence de scélérat, c'est une prétention de fou!

ROGER, *très digne.*

Dans ce cas, cher ami, le fou se retire... Chère madame, voulez-vous me permettre...

SUZY

Ah! mais non!... Vous n'allez pas manquer une affaire pareille parce que vous êtes tous les deux de mauvaise humeur... Venez vous asseoir ici, Régis va nous préparer des cocktails. Tenez, Régis, secouez donc ces Alexandra. *(A Roger.)* Voulez-vous me permettre une question?

ROGER

Mais certainement, chère madame...

SUZY

Pourquoi exigez-vous cette somme, alors que jusqu'ici vos prétentions étaient plus modestes? Dans l'affaire du chauffage central des écoles, vous aviez cinq pour cent.

ROGER

Oui, j'avais cinq pour cent, mais si vous me permettez le mot j'étais une poire.

CASTEL-BÉNAC

Une poire qui a touché quarante-cinq mille francs.

ROGER

Et vous huit cent cinquante. Comparez.

CASTEL-BÉNAC, *il éclate*.

Mais, nom de Dieu, qui est-ce qui est conseiller municipal? C'est vous, ou c'est moi?

ROGER

Cher ami, vous sortez de la question.

CASTEL-BÉNAC

Mais pas du tout! Est-ce que le conseil aurait voté cette installation, si je ne l'avais pas proposée? Jamais de la vie, puisqu'on venait d'acheter des poêles! Ils étaient tout neufs! Il a fallu les casser à coups de marteau pour les mettre à la ferraille! Et même si on avait eu vraiment besoin de ces radiateurs à vapeur, est-ce qu'on serait allé vous chercher?

ROGER

Pourquoi pas?

CASTEL-BÉNAC

Allons donc! Vous ne saviez pas même ce que c'était. Dans votre rapport vous avez écrit cinq fois « gladiateurs »! Et il en a fourni deux mille!

ROGER, *modeste*.

Je n'en ai que plus de mérite.

SUZY

Oui, c'est vrai. Mais en somme, dans toutes ces affaires, vous n'avez qu'à prêter votre nom!

ROGER

Pas plus!

CASTEL-BÉNAC

Mais oui, pas plus!

SUZY

Régis, ne soyez pas injuste, c'est tout de même quelque chose.

ROGER

Surtout si l'on pense au nom que je porte : Roger de Berville.

SUZY

La particule a sa valeur.

ROGER

On ne peut nier qu'elle ne soit supérieure au trait d'union.

SUZY

Certainement.

ROGER

Et d'autre part, je suis depuis hier trésorier du Cercle de la rue Gay-Lussac, ce qui prouve que j'ai une réputation bien établie de probité. Eh bien, la probité, ça se paie cher, parce que c'est rare. Surtout dans une affaire comme celle-là.

CASTEL-BÉNAC

Mais j'ai connu des gens d'une probité formidable qui marchaient à quatre pour cent.

ROGER

Oui, des gens sans surface... Moi, cher ami, je suis bien forcé d'exiger une part qui corresponde à mon standing.

CASTEL-BÉNAC

Quand je vous ai connu, en fait de standing, vous n'aviez qu'un gant, un chapeau de paille et des dettes! C'est moi qui vous ai mis à flot.

ROGER

Du moins, vous le dites.

CASTEL-BÉNAC

Comment, je le dis? Votre studio, c'est l'affaire des pavés de bois; votre voiture, c'est l'éclairage de l'abattoir, et cette perle que tu vois dans sa cravate, c'est le nouveau frigorifique de la Morgue!

ROGER

Mais vous sortez de la question...

CASTEL-BÉNAC, *éclatant.*

Mais non, monsieur, je ne sors pas de la question! J'y suis en plein, dans la question! La vérité, c'est que vous êtes un ingrat! Ah! c'était donc ça, le bras en écharpe! Une manœuvre, tout simplement.

ROGER

Monsieur!

124

CASTEL-BÉNAC

Une manœuvre scélérate, pour préparer un chantage odieux, c'est puant, monsieur, c'est puant!

SUZY

Voyons, Régis!

ROGER, *stupéfait et blessé.*

Quoi! Vous oseriez vraiment supposer...

CASTEL-BÉNAC

Est-ce que vous me prenez pour un nouveau-né? Vous pensez bien que j'ai fait ça avant vous, hein?

ROGER, *souriant.*

Dans ce cas, mon cher, vous connaissez donc parfaitement la force de ma position. Je vous tiens à la gorge, c'est un fait. Et je vous le demande en toute conscience : que penseriez-vous de moi si vous vous en tiriez à moins de cent mille?

CASTEL-BÉNAC

Je penserais que vous êtes un ami. *(Il lui tend la main.)* Allons, Roger, vous êtes un ami!

ROGER, *il lui serre la main.*

Eh bien, oui, je suis un ami. Mais je tiens a conserver votre estime. C'est cent mille ou rien.

SUZY

Allons, Roger, Régis ira jusqu'à soixante, mais faites un effort.

ROGER

Chère madame, récapitulons : j'ai inventé une

histoire de retour de manivelle qui risque de dévaloriser ma voiture quand je voudrai la revendre; j'ai cherché des mots spéciaux dans un ouvrage de médecine; j'ai porté le bras en écharpe pendant quinze jours. Grâce à quoi, j'ai endormi monsieur, je l'ai tenu le bec dans l'eau jusqu'à maintenant! Est-ce que ça ne vaut pas quelque chose? Allons, si vous êtes beau joueur, vous allez me donner cent mille et nous resterons bons amis.

CASTEL-BÉNAC

Jeune homme, s'il vous manque quelque chose, ce n'est sûrement pas le culot.

ROGER

Mais non, mon cher, mais non! Voulez-vous écouter mon raisonnement? La petite comédie que je vous ai jouée, ce n'est déjà pas très chic de ma part; mais si je n'en retire aucun bénéfice, alors ça devient positivement malhonnête!

SUZY

Vous avez des scrupules!

ROGER

Et puis, je me connais : il y a une question d'amour-propre. Si j'avais réussi ce coup-là pour rien, je serais complètement démoralisé, je n'aurais plus aucune confiance en moi!

SUZY

Alors, tout compte fait, que demandez-vous?

ROGER

Soixante-dix pour les balayeuses, et trente pour l'olécrane.

CASTEL-BÉNAC, *avec un grand calme.*

Eh bien, jeune homme, apprenez ceci : je n'aime pas beaucoup que l'on se foute de moi. Vous n'aurez ni cent mille, ni vingt-cinq mille, ni rien du tout. *(Il éclate brusquement.)* Mais c'est tout de même saugrenu !

SUZY

Attendez, Régis, on pourrait peut-être...

CASTEL-BÉNAC

Non, non, puisque je me trouve en face d'un fou, j'aime mieux renoncer à l'affaire. Je ferai annuler le crédit. *(Noble.)* Et la ville se passera de balayeuses, parce que ce jeune homme est un mauvais citoyen !

ROGER

Monsieur ?

SUZY

Régis, vous êtes vraiment dur pour Roger !

CASTEL-BÉNAC

Un mauvais citoyen et un mauvais Français.

ROGER

Halte-là, monsieur. Vous portez atteinte à mon honneur !

CASTEL-BÉNAC

Ce n'est pas à votre honneur que je m'adresse, c'est à votre cœur. Voyons, monsieur Roger de Berville, ne ferez-vous pas un petit sacrifice pour adoucir le sort des balayeurs ? Songez aux malheureux qui, chaque jour, à l'aube, saisissent à pleines mains un manche rugueux, et poussent au ruisseau les débris de la veille... Au XXe siècle, supporterons-nous qu'un homme, un électeur, use ses forces à des besognes dégradantes quand le machinisme nous permet de le remplacer par une voiture propre, efficace, et d'aspect coquet ? Supporterons-nous...

ROGER

Supporterons-nous qu'il nous répète tout son discours du conseil municipal ?

Il rit.

CASTEL-BÉNAC

Monsieur, si vous riez de ces choses-là, nous n'avons plus rien à nous dire. Adieu, monsieur.

SUZY

Régis, ne vous froissez pas pour si peu de chose...

CASTEL-BÉNAC

Madame, je suis un élu du peuple ; je n'ai pas le droit de me laisser insulter...

SUZY

Mais qui vous insulte ?

CASTEL-BÉNAC

Si ce margoulin ne respecte pas ma personne, qu'il respecte au moins mes fonctions.

ROGER

Madame, je ne puis soutenir ce ton. Souffrez que je vous présente mes hommages.

SUZY

Vous n'avez même pas goûté à ce cocktail !

CASTEL-BÉNAC

Non, non, c'est fini. Pas de balayeuses, pas d'agence, rien du tout, absolument rien. Il peut crever la bouche ouverte au coin d'une route! Il n'aura plus un sou de moi! Et qu'il foute le camp!

ROGER

Monsieur, dans votre famille, on fout le camp; dans la mienne, on prend congé.

Il s'incline devant Suzy une dernière fois et sort très digne.

SCÈNE V

LES MÊMES, moins ROGER

SUZY

Et voilà comment on rate une affaire magnifique!
Est-ce que vous n'auriez pas dû vous méfier plus tôt?

CASTEL-BÉNAC

Non, que veux-tu. Moi, je suis trop honnête, les
canailleries des autres, ça me surprend toujours. *(Il
allume un cigare, et réfléchit tristement.)* Ah! la vie
est de plus en plus dure. Mon pauvre père m'avait
bien dit qu'il faut toujours se méfier d'un ami...
Mais je croyais pouvoir compter sur un complice.
Il paraît que c'est changé. Quelle époque!

SUZY

J'espère que vous n'allez pas pleurer?

CASTEL-BÉNAC

Eh non, c'est raté. Voilà tout.

SUZY

Alors, vous admettez que cette affaire tombe à
l'eau?

CASTEL-BÉNAC

Que veux-tu que je fasse?

SUZY

Mais vous connaissez pourtant d'autres prête-noms! Tâchez donc de joindre Ménétrier!

CASTEL-BÉNAC

Il est à Madagascar!

SUZY

Depuis quand?

CASTEL-BÉNAC

Il s'est embarqué samedi dernier. On lui a donné une très belle chaîne de montagnes, du côté de Tananarive... Il est allé là-bas pour la vendre aux gens qui l'habitent.

SUZY

Mais alors, qui?

CASTEL-BÉNAC

Tu vois bien, je réfléchis...

SUZY

Pourquoi ne prendriez-vous pas Malaval?

CASTEL-BÉNAC

Il est brûlé!

SUZY

Et votre ami Fernet?

CASTEL-BÉNAC

Trop cher. Depuis que je l'ai fait décorer, il demande du cinquante pour cent.

SUZY

Et Faubert?

CASTEL-BÉNAC

Ah! Faubert! Ce serait le rêve... Un bon garçon, celui-là... Un collaborateur adroit, dévoué. Et quelle probité!

SUZY, *elle a pris son livre d'adresses.*

Wagram, 86.02.

CASTEL-BÉNAC

Plus maintenant, il est en prison...

SUZY

Depuis quand?

CASTEL-BÉNAC

Depuis les Porcheries du Maroc.

SUZY

Je croyais que c'était une affaire honnête?

CASTEL-BÉNAC

Justement. Dans une affaire honnête, on ne se méfie pas. Si ça flanche, on est compromis tout seul... et on ne s'en tire pas.

SUZY

Et Picard?

CASTEL-BÉNAC, *choqué.*

Picard? Oh! non, chère amie, non.

SUZY

C'est un garçon très bien, Picard... Il est sérieux, il

132

a de l'entregent? Pourquoi n'essaierait-on pas Picard?

CASTEL-BÉNAC

Parce que c'est l'amant de ma femme, et que la plus élémentaire délicatesse...

SUZY

Bon, bon. Je ne savais pas...

CASTEL-BÉNAC

Naturellement. Toute la ville en parle, vous êtes la seule à l'ignorer. Ce qui prouve d'ailleurs de quelle façon vous vous intéressez à moi.

SUZY

Mais, mon cher, je n'ignorais pas que vous fussiez cocu, mais j'ignorais que c'était Picard, voilà tout. Il faut pourtant en sortir, voyons! Il ne doit pas être difficile de trouver quelqu'un!

CASTEL-BÉNAC

Chère amie, on voit bien que vous n'avez pas étudié le problème. Il n'y a rien d'aussi délicat que le choix d'un prête-nom. Si on prend un homme d'une honnêteté morbide, il refuse la plupart des affaires qu'on lui propose. Et si on prend un homme d'esprit moderne, il risque de pousser le modernisme jusqu'à nous voler nous-mêmes. Les marchés sont faits en son nom. Il peut garder le bénéfice, et tu penses bien que nous n'avons aucun recours devant les tribunaux!...

SUZY

Évidemment. En somme, il faut quelqu'un qui fasse honnêtement des affaires malhonnêtes.

CASTEL-BÉNAC

Non... non... Employons des mots innocents, ça nous fera la bouche fraîche. Il nous faut quelqu'un qui fasse à la manière d'avant-guerre des affaires d'après-guerre. Ou alors un parent, un homme sur qui on aurait un moyen d'action, comme l'honneur du nom ou le sentiment de la famille. Par exemple, l'amant de ta sœur, si elle n'en avait qu'un. Ou ton frère, s'il n'avait pas ce petit casier judiciaire, ou ton père, si on pouvait savoir qui c'est..

SUZY, *brusquement.*

Si je trouvais quelqu'un, combien lui donnerais-tu?

CASTEL-BÉNAC

Tu as une idée?

SUZY

Peut-être.

CASTEL-BÉNAC

J'irais bien jusqu'à cinquante mille pour les balayeuses.

SUZY

Et pour l'agence?

CASTEL-BÉNAC

Dix pour cent.

SUZY

S'il acceptait moins, me donneriez-vous la différence?

CASTEL-BÉNAC

Oui, dis ton idée.

SUZY

Topaze.

CASTEL-BÉNAC

Qui ça, Topaze?

SUZY

Le professeur de Gaston.

CASTEL-BÉNAC

Ce malheureux barbu en chapeau melon?

SUZY

Pourquoi pas?

CASTEL-BÉNAC

Ma chère amie, il ne faudrait pas, pour rattraper vos cent cinquante mille francs de balayeuses, nous lancer dans une dangereuse improvisation.

SUZY

D'abord, ce n'est pas une improvisation. J'y ai pensé quelquefois, et puis, avec lui, aucun danger

CASTEL-BÉNAC

Pourquoi?

SUZY

Parce que nous avons sur lui un moyen d'action.

CASTEL-BÉNAC

Lequel?

SUZY

Moi.

CASTEL-BÉNAC

Tiens, tiens, amoureux?

SUZY

Dès qu'il me voit, il rougit, il bafouille, il est ridicule et touchant. Je suis sûre qu'avec deux mots, j'en ferai ce que je voudrai.

CASTEL-BÉNAC

On croit ça, et puis quelquefois...

SUZY

Mais non, mon cher. Une femme sent très bien ces choses-là. Cet homme m'aime d'un amour que vous ne pouvez certainement pas imaginer. Je vous affirme que nous n'aurons même pas besoin de lui expliquer de quoi il s'agit; si c'est moi qui le lui demande, il signera n'importe quoi les yeux fermés.

CASTEL-BÉNAC

Oui, peut-être, mais il finira par les ouvrir. Et alors, s'il pousse des cris affreux? S'il nous accuse de l'avoir déshonoré? S'il se suicide en laissant une belle lettre pour le commissaire de police?

SUZY

Mais non, mais non! Je me charge de le calmer avec un peu de comédie.

CASTEL-BÉNAC

Oui, un peu de comédie, ou alors beaucoup d'argent!

SUZY

Comment ça?

CASTEL-BÉNAC

Quand il connaîtra toutes mes affaires, s'il me faisait du chantage?

SUZY

Lui? Allons donc?... Je suis sûre que c'est un homme absolument désintéressé, et parfaitement incapable...

CASTEL-BÉNAC

Oui, parce qu'il est mal habillé, vous lui prêtez de grands sentiments. Ma chère amie, j'ai connu des maîtres chanteurs qui avaient l'air du Jeune Homme Pauvre...

SUZY

Mais s'il marche dans vos combinaisons, il ne pourra plus que se taire!

CASTEL-BÉNAC

Évidemment, on peut l'embarquer tout de suite dans cinq ou six affaires, et il devient inoffensif.

SUZY

Et puis, écoutez donc, Régis : nous allons lui donner le petit logement que j'ai fait préparer pour mon chauffeur : juste au-dessus des bureaux. Et nous aurons sous la main, à toute heure du jour, un collaborateur absolument dévoué qui nous devra tout.

CASTEL-BÉNAC

Ma foi, on peut toujours voir.

Suzy sonne. Le Maître d'hôtel paraît.

SUZY

Dites au professeur que je désire lui parler tout de suite.

Le Maître d'hôtel s'incline et sort.

CASTEL-BÉNAC

« Topaze, agent d'affaires. » Ça ne ferait pas mal sur une plaque de cuivre... Mais dites donc, est-ce qu'il va accepter de quitter sa situation?

SUZY

Son directeur, qui est un abominable marchand de soupe, l'a mis à la porte ce matin, à la suite d'une histoire que j'ignore, et à laquelle lui-même n'a certainement rien compris.

CASTEL-BÉNAC

C'est à voir, c'est à voir...

SCÈNE VI

LES MÊMES, TOPAZE

Topaze paraît sur la porte. Suzy se lève et va vers lui.

SUZY

Mon cher ami, permettez-moi de vous présenter M. Topaze, dont nous venons de parler. *(A Topaze.)* M. Castel-Bénac, qui est un grand brasseur d'affaires.

TOPAZE, *il s'incline profondément.*

Monsieur, je suis extrêmement honoré.

CASTEL-BÉNAC

Monsieur, l'honneur est pour moi.

TOPAZE

Monsieur, vous êtes trop bon.

CASTEL-BÉNAC

Nullement, monsieur, nullement.

SUZY

Asseyez-vous, monsieur Topaze... Vous allez boire un petit cocktail avec nous.

TOPAZE

C'est un bien grand honneur pour moi, madame.

Il s'assied au bord de la chaise. Pendant les répliques suivantes, Suzy servira les cocktails.

SUZY

Je viens de parler de votre cas à M. Castel-Bénac.

TOPAZE

Madame vous êtes mille fois trop bonne.

SUZY

Mais non. Et j'ai le plaisir de vous dire qu'il est tout prêt à s'occuper de vous.

TOPAZE

Monsieur, je vous en suis bien reconnaissant.

CASTEL-BÉNAC

Mais non, monsieur... L'intérêt que je vous porte est tout naturel. Madame vient de me dire que vous êtes une valeur.

TOPAZE, *modeste.*

Oh! monsieur...

SUZY

Mais si, mais si...

CASTEL-BÉNAC

Une valeur qui est en ce moment, disons-le, inemployée.

TOPAZE

Oui, en somme c'est le mot.

SUZY

Eh bien, M. Castel-Bénac veut exploiter lui-même cette valeur.

TOPAZE

Exploiter lui-même cette valeur. *(Elle lui tend un verre.)* Merci, madame.

SUZY

Est-ce que vous tenez beaucoup à rester dans l'enseignement?

TOPAZE

A rester dans l'enseignement? Mon Dieu, oui, madame.

SUZY

Pourquoi?

TOPAZE

Parce que c'est une profession très considérée, peu fatigante et assez lucrative.

CASTEL-BÉNAC, *coup d'œil vers Suzy.*

Assez lucrative. Fort bien.

TOPAZE, *il boit une gorgée, tousse, devient très rouge.*

Oh! c'est fort ce vin!...

CASTEL-BÉNAC

Oui, c'est assez fort.

SUZY

Qu'espérez-vous gagner en donnant des leçons?

TOPAZE

Je ne le sais pas encore exactement, mais je connais des professeurs libres qui se font jusqu'à douze cents francs.

SUZY

Par mois?

TOPAZE

Oui, madame. Il est vrai qu'un professeur a des frais de tenue, n'est-ce pas, puisqu'il peut être appelé à converser avec des personnes de la meilleure société. Mais quand on gagne douze cents francs...

CASTEL-BÉNAC

C'est évidemment très beau.

TOPAZE

Cette question de gain est un peu vulgaire, mais elle a son importance. L'argent ne fait pas le bonheur, mais on est tout de même bien content d'en avoir.

Il rit.

CASTEL-BÉNAC, *rit.* ❧

Nous en sommes tous là.

SUZY

La situation que monsieur va peut-être vous offrir vous permettrait de gagner davantage.

CASTEL-BÉNAC

Pas beaucoup plus, mais un peu plus. Oui, un peu plus. Je pourrais vous donner un fixe et une petite prime pour chaque affaire. Vous toucheriez en moyenne deux mille cinq cents francs.

TOPAZE

Par mois?

SUZY

Oui.

TOPAZE

Pour moi?

CASTEL-BÉNAC

Oui.

TOPAZE, *exorbité, il se lève*.

Pour des leçons de quoi?

SUZY

Il ne s'agit pas de leçons.

CASTEL-BÉNAC

Il s'agit de remplir auprès de moi certaines fonctions assez... comment dirai-je? non pas difficiles, mais délicates...

TOPAZE

Ha! ha!... Mais ces délicates fonctions, serai-je capable de les remplir?

SUZY

Pourquoi pas?

CASTEL-BÉNAC

Nous allons le voir. Voulez-vous me permettre de vous regarder un moment?

TOPAZE

Mais c'est tout naturel, monsieur.

Régis examine Topaze qui rougit, toussote, baisse les yeux. Régis passe derrière Topaze et cligne un œil vers Suzy.

CASTEL-BÉNAC

Bien. Puis-je vous poser quelques questions?

TOPAZE

Bien volontiers.

CASTEL-BÉNAC

Avez-vous de la famille?

TOPAZE

Hélas! non. Je suis seul au monde. Oui, tout seul.

CASTEL-BÉNAC

Bravo, c'est parfait. Je veux dire que c'est bien triste, mais c'est le destin. Et les femmes?

TOPAZE

Comment, les femmes?

CASTEL-BÉNAC

Vous avez bien quelque maîtresse, hein?

TOPAZE, *il regarde Suzy, comme choqué.*

Non, monsieur, non...

SUZY

Cher ami, vous posez devant moi des questions...

CASTEL-BÉNAC

Excusez-moi, chère amie... Le mot a dépassé ma pensée... Quelles sont vos relations habituelles?

TOPAZE

Mes collègues... Je veux dire mes anciens collègues de la pension Muche. Et je vois aussi quelquefois un camarade de régiment qui est maintenant garçon de café.

CASTEL-BÉNAC

Je vous demanderai de fréquenter ces braves gens le moins possible, et, en tout cas, de ne pas les recevoir dans nos bureaux. Ni même chez vous.

TOPAZE

Chez moi?

CASTEL-BÉNAC

Car il faudra que vous habitiez ici.

TOPAZE

Ici?

SUZY

Les bureaux sont dans l'immeuble voisin, et votre petit logement est au-dessus, tout près de chez moi. Y voyez-vous un inconvénient?

TOPAZE, *rougissant*.

Non, madame, non. Mais ces fonctions, de quelle nature sont-elles?

CASTEL-BÉNAC

Eh bien, mon cher Topaze... Vous me permettez de vous appeler mon cher Topaze?

145

TOPAZE

C'est un grand honneur pour moi, monsieur.

CASTEL-BÉNAC

Eh bien, mon cher Topaze, asseyez-vous. Je vais ouvrir une nouvelle agence d'affaires. Et comme je suis débordé de travail, il me faut un homme de confiance. L'agence portera son nom, et il en sera, en somme, le véritable directeur.

SUZY

Voilà le poste que monsieur vous destine.

TOPAZE

Mais, madame, un directeur... dirige.

SUZY

Exactement.

TOPAZE

Suis-je capable de diriger?

SUZY

Pourquoi pas?

TOPAZE

Madame, cette confiance m'honore, mais je crains que vous n'ayez une trop bonne idée de mes capacités.

SUZY

Mais non.. Vous êtes professeur, monsieur Topaze.

TOPAZE

Justement, madame. Je suis professeur. C'est-à-dire que, hors d'une classe, je ne suis bon à rien.

CASTEL-BÉNAC

Allons, cher ami... Vous savez dicter ?

TOPAZE, *il s'éclaire*.

Oh ! pour ça, oui.

SUZY

Vous dicterez le courrier aux dactylos, et vous surveillerez leur orthographe.

TOPAZE, *joyeux*.

Pour l'orthographe, je m'en charge.

CASTEL-BÉNAC

Et vous savez signer ?

TOPAZE, *enthousiaste*.

Naturellement ! Je ne dis pas que j'ai une jolie signature, mais elle est très difficile à imiter. Aucun de mes élèves n'y a jamais réussi.

CASTEL-BÉNAC

Eh bien, vous signerez à ma place, voilà tout.

SUZY

Que pensez-vous de cette proposition ?

TOPAZE

Ce que j'en pense ? C'est la plus belle chance de ma vie et c'est à vous que je la dois... mais j'hésite à l'accepter.

SUZY

Pourquoi?

CASTEL-BÉNAC, *brusquement, à lui-même*.

Ah! Bon Dieu! Zut! J'avais oublié ça.

SUZY

Quoi donc?

CASTEL-BÉNAC, *à Topaze*.

Où êtes-vous né?

TOPAZE

Moi? à Tours.

CASTEL-BÉNAC

Alors, c'est fichu pour les balayeuses.

TOPAZE

Parce que je suis Tourangeau?

CASTEL-BÉNAC, *à Suzy*.

On n'a pas le temps de faire venir ses papiers d'état civil.

SUZY

Ah! c'est vrai!

TOPAZE, *souriant*.

Les voici!

CASTEL-BÉNAC

Comment?

SUZY

Vous les portez sur vous?

TOPAZE

Par hasard! C'est mon dossier que M. Muche m'a rendu ce matin.

CASTEL-BÉNAC, *à Suzy.*

Ah! ça, c'est épatant!

SUZY

Vous voyez bien que c'est Dieu qui l'envoie!

TOPAZE

Oh! non, madame, c'est tout simplement M. Muche.

SUZY, *à Castel-Bénac.*

Qu'en dites-vous?

CASTEL-BÉNAC

Mais il est parfait! Il est certain que nous avons là toutes les pièces nécessaires.

SUZY

Alors, il peut signer les balayeuses?

TOPAZE

Ha! ha!... Me voilà déjà en pays inconnu.

CASTEL-BÉNAC, *à Suzy.*

Vous êtes d'avis qu'on le fasse marcher si vite?

TOPAZE

Mais oui, monsieur... Faites-moi marcher tout de suite, n'hésitez pas.

SUZY, *à Castel-Bénac.*

Que risquons-nous?

TOPAZE

Absolument rien. Je ne dis pas que je réussirai du premier coup, mais je puis toujours essayer.

CASTEL-BÉNAC, *à Suzy*.

Vous en prenez la responsabilité?

SUZY

Absolument.

CASTEL-BÉNAC

Eh bien, soit! *(A Topaze.)* Je vais d'abord vous donner une petite signature.

> *Topaze dévisse le capuchon de son stylo, Castel-Bénac a tiré son carnet de chèques, il signe et lui tend un chèque.*

TOPAZE, *il lit*.

Payez à l'ordre d'Albert Topaze la somme de cinq mille deux cents francs. Pourquoi?

CASTEL-BÉNAC

Votre commission sur l'affaire, et un mois d'avance.

TOPAZE

Cinq mille deux cents francs... *(Il les regarde, l'un après l'autre, puis consterné.)* Ah!... grands dieux...

SUZY

A quoi pensez-vous?

TOPAZE, *ému, mais digne*.

J'ai, madame, une assez grande expérience de la vie. Et je sais bien que l'on n'offre pas des fonctions aussi grassement payées à un homme incapable de les remplir.

CASTEL-BÉNAC

Mais puisqu'on vous dit...

TOPAZE, *catégorique.*

On ne me dit pas tout. Votre bienveillance cache quelque chose, et je sais bien quoi. Madame, je vous remercie, mais je n'en suis pas encore là.

SUZY, *un peu troublée, mais souriante.*

J'avoue que je ne comprends pas.

Régis reprend vite les papiers étalés sur la table.

TOPAZE

Ah! madame, n'est-il pas visible que cette histoire d'agence et de balayeuses n'est qu'une façon déguisée de me faire la charité?

Castel-Bénac pousse un grand soupir de soulagement et pouffe de rire.

SUZY

Mais qu'allez-vous imaginer? Croyez-vous que je me serais permis une chose pareille?

CASTEL-BÉNAC

Mon cher ami, vous vous trompez complètement. Je vous donne ma parole d'honneur que vous pouvez me rendre les plus grands services.

TOPAZE, *convaincu.*

Votre parole d'honneur?

SUZY

Faut-il que je vous fasse un serment?

TOPAZE, *illuminé*.

Mais alors, c'est trop beau...

CASTEL-BÉNAC, *rondement*.

Signez donc, cher ami... Et inscrivez sous votre nom : « Agent d'affaires. »

TOPAZE, *le stylo à la main*.

Monsieur, madame, c'est avec une émotion profonde et une définitive gratitude que je vous donne cette signature.

Il signe. Régis prend les papiers.

CASTEL-BÉNAC

Bien! mon cher directeur, je vous remercie. Je serai de retour dans une demi-heure, et si vous voulez bien m'attendre, nous pourrons causer plus longuement.

SUZY

Eh bien, j'espère que vous êtes content?

TOPAZE

Comment vous témoigner mon dévouement?

CASTEL-BÉNAC

D'abord, en changeânt de chapeau.

SUZY

Régis!

CASTEL-BÉNAC

Oui. M. Topaze a un très joli chapeau de

professeur, mais, maintenant, il lui faut un feutre d'homme d'affaires.

TOPAZE

Bien. Et ensuite?

SUZY

Ensuite, remplissez scrupuleusement vos fonctions. Pour le moment, il ne faut que signer et vous taire.

TOPAZE, *surpris*.

Me taire?

SUZY

Oui. En affaires, la première qualité c'est la discrétion.

CASTEL-BÉNAC

Très important! Secret professionnel.

TOPAZE, *il est visiblement flatté*.

Comme pour un médecin?

SUZY

Exactement.

CASTEL-BÉNAC

Reprenez votre chèque. A tout à l'heure, mon cher directeur, j'aurai d'ailleurs quelques signatures à vous demander. Vous me permettez de vous enlever madame pour quelques instants?

TOPAZE

Bien volontiers, monsieur.

SUZY, *coquette*.

Comment? bien volontiers?

TOPAZE

C'est-à-dire que... Hum.

CASTEL-BÉNAC

Oui, hum... *(A Suzy.)* Il est inouï!

Ils sortent.

SCÈNE VII

TOPAZE, seul
puis LE MAITRE D'HOTEL et ROGER

Topaze reste seul quelques secondes. Il sourit, il regarde le chèque, puis il murmure.

TOPAZE

Monsieur le directeur... mon cher directeur... *(Il regarde encore le chèque. Il murmure.)* Cinq mille deux cents francs... *(Et après un court calcul mental.)* Trois cent quarante-six leçons à quinze francs... Ah! les affaires, c'est inouï... *(Temps.)* Quand Tamise va savoir ça! Lui qui me traitait d'arriviste! *(Un temps.)* Il avait peut-être raison!

Entre le Maître d'hôtel qui précède le jeune Roger.

LE MAITRE D'HOTEL

Je vais prévenir madame.

ROGER

Bien, allez.

SCÈNE VIII

TOPAZE, ROGER

Topaze a remis son chèque dans sa poche. Il feint de regarder de près les tableaux. Roger l'examine, puis s'assoit. Il paraît légèrement inquiet. Enfin, après quelques regards, Roger le salue d'un signe de tête. Topaze répond en s'inclinant profondément, et reprend sa contemplation des tableaux. Roger se lève et vient regarder le même tableau.

ROGER

Vous aimez beaucoup la peinture?

TOPAZE

Oui, j'en suis curieux.

Un temps.

ROGER

Vous peignez peut-être vous-même?

TOPAZE

Non, monsieur.

ROGER

Vous êtes peut-être marchand de tableaux?

TOPAZE

Non. *(Un temps.)* Je suis dans les affaires.

ROGER

Ah? *(Un temps.)* Moi aussi. Vous êtes des amis de Castel-Bénac?

TOPAZE

Je ne puis pas dire que je sois de ses amis, quoiqu'il me témoigne beaucoup d'amitié. Je suis simplement son collaborateur.

ROGER

Depuis longtemps?

TOPAZE

Mon Dieu, non. Depuis quelques minutes, mais pour longtemps, je l'espère.

ROGER, *il change de ton.*

C'est-à-dire que c'est vous qui faites les balayeuses?

TOPAZE, *distant.*

Monsieur, en affaires, la première qualité c'est la discrétion.

ROGER

Surtout pour ces affaires-là.

TOPAZE, *innocent et mystérieux.*

Peut-être.

ROGER

Non, pas peut-être. Sûrement. Vous pensez si je connais le coup des balayeuses! Je connais même un monsieur qui l'aurait fait, s'il avait consenti à travailler au rabais. Comme vous.

TOPAZE

Comme moi? Au rabais? *(Il a un sourire ironique.)* Au rabais!

> *Il rit comme quelqu'un à qui on vient d'en dire « une bien bonne ».*

ROGER

Entre nous qu'est-ce qu'il vous donne?

TOPAZE

Cette fois, je puis vous répondre puisqu'il s'agit de moi-même. Voyez.

> *Il montre le chèque.*

ROGER

Cinq mille deux cents. C'est votre commission?

TOPAZE

Mon fixe et ma commission.

ROGER

Dites donc, vous rigolez?

TOPAZE, *béat.*

Un peu. *(Roger recule et regarde Topaze avec stupeur.)* Je n'ai eu d'ailleurs aucun mérite à obtenir cette somme, c'est lui-même qui me l'a proposée.

ROGER

Cher monsieur, en affaires il est souvent très bon de prendre l'air idiot, mais vous poussez la chose un peu loin.

TOPAZE

TOPAZE, *digne et froid.*

Monsieur, il m'est pénible de m'entendre appeler idiot par une personne que je ne connais pas. Par égard pour la maison de notre hôtesse, il vaut mieux arrêter là cette conversation.

Il lui tourne le dos.

ROGER

Vous avez tort de faire tant de dignité devant un homme qui vous reverra sans doute quelque jour en correctionnelle.

TOPAZE, *effaré.*

Correctionnelle?

ROGER

Peut-être plus tôt que vous ne le pensez. Ce n'est pas moi qui irai vous dénoncer, certes non, mais il y a cinq ou six personnes qui sont au courant et qui risquent de manger le morceau. Si vous avez marché à ce prix-là pour une pareille responsabilité, alors, c'est navrant!

TOPAZE

Voyons, monsieur, vous me donnez l'impression que vous parlez de cette affaire comme si elle n'était pas rigoureusement honnête. *(Roger rigole doucement.)* Monsieur, je vous somme de vous expliquer.

ROGER

De toutes les canailleries que cette vieille fripouille a montées, l'affaire des balayeuses est celle qui présente les plus grands dangers.

TOPAZE

Mais à qui, dans votre pensée, s'applique ce terme de vieille fripouille?

ROGER

A notre brillant conseiller municipal.

TOPAZE

Quel conseiller municipal?

ROGER

Comment? vous ne savez même pas que Castel-Bénac est conseiller municipal?

TOPAZE

Mais non!

ROGER

Alors, vous ignorez le genre de services qu'il attend de vous?

TOPAZE

Je dois le seconder et signer à sa place, tout simplement.

ROGER

Tout simplement. Oh! celui-là, alors, il est inouï! Mais d'où sortez-vous?

TOPAZE

De l'enseignement.

ROGER

Ah! malheur! j'aurais dû m'en douter. Allez, mon pauvre monsieur, si vous savez où est votre chapeau, prenez-le et foutez le camp. Vous n'avez rien à faire ici.

TOPAZE, *enflammé*.

Ah non! monsieur, on ne diffame pas ainsi les gens sans apporter des précisions. De quoi accusez-vous mon bienfaiteur?

ROGER

Mon cher monsieur, votre « bienfaiteur » profite simplement de son mandat politique pour faire voter l'achat de n'importe quoi et il fournit lui-même ce n'importe quoi sous le couvert d'un prête-nom.

TOPAZE

Mais ce serait de la prévarication.

ROGER

Peut-être!

TOPAZE, *indigné*.

La forme la plus honteuse du vol!

ROGER, *souriant et désabusé*.

Oh! mon Dieu, vous savez, il ne l'a pas inventée, c'est la base même de tous les régimes démocratiques. (*Un temps.*) Des autres aussi, d'ailleurs.

TOPAZE, *il crie*.

Des preuves, donnez-moi des preuves...

ROGER

Écoutez donc : je veux bien éclairer votre lanterne, mais vous ne direz jamais d'où vous viennent ces renseignements?

161

11

TOPAZE

S'ils sont exacts, je vous promets le silence.

ROGER

Eh bien, passez un instant à côté. Sur le bureau il y a des dossiers, ouvrez donc le premier venu; si l'enseignement ne vous a pas absolument détruit, vous serez vite renseigné.

TOPAZE

Bien, mais si vous m'avez menti, je reviens vous jeter à la porte!

ROGER

Oui, c'est ça. *(Topaze sort.)* Sainte innocence!

SCÈNE IX

ROGER, SUZY, CASTEL-BÉNAC

Entre Suzy. Elle paraît étonnée de voir Roger, et elle cherche Topaze du regard.

SUZY

Re-bonjour. Vous avez eu un remords?

ROGER

Non, madame, un regret. J'ai regretté cette rupture quand j'ai réalisé qu'elle me priverait du plaisir de vous voir.

SUZY

Flatteur...

ROGER

Et je reviens faire la paix avec Castel-Bénac.

SUZY

Mon cher ami, la paix est toute faite... A l'heure actuelle, il a certainement oublié la discussion de tout à l'heure... Mais pour repêcher les balayeuses, je crains qu'il ne soit trop tard... J'ai l'impression qu'il est allé chercher quelqu'un...

ROGER

Oui, j'en ai comme une intuition. Mais s'il ne trouve personne, ou si la personne qu'il aura trouvée ne lui offrait pas une sécurité complète, j'espère que vous me rappellerez au bon souvenir de notre ami.

SUZY

Soyez certain que je n'y manquerai pas, et je suis touchée de cette démarche...

ROGER

D'ailleurs, madame, s'il était impossible de raccrocher l'affaire, je voudrais que vous rassuriez notre ami sur mes intentions à son égard. Dites-lui bien, madame, je vous en prie, que malgré la façon un peu cavalière dont il en use envers moi, il ne saurait être question, entre nous, de représailles.

SUZY

Quelles représailles?

ROGER

Je pourrais par exemple le taquiner par des échos dans les journaux, ou me divertir par l'envoi de lettres non signées qui donneraient à ses ennemis les moyens de lui nuire... Je tenais à vous dire, madame, que je ne le ferai pas.

SUZY

Mais, cher ami, j'en suis bien certaine. D'abord parce que vous êtes gentilhomme. Et ensuite, parce que vous n'avez aucun intérêt à dévoiler des histoires dans lesquelles vous avez joué un rôle important.

ROGER

C'est vrai. Mais il a fait sans moi d'autres affaires et beaucoup de gens les connaissent... Si, par exemple, il avait des ennuis pour les balayeuses, je tiens à vous dire à l'avance qu'ils ne viendraient pas de moi.

SUZY

J'en suis absolument persuadée...

ROGER

Je vous en remercie, madame.

CASTEL-BÉNAC, *entrant.*

Vous êtes encore là?

ROGER

Oh! cher ami, je disais à madame que si, par hasard, vous aviez besoin de moi, je serai jusqu'à minuit à Passy, virgule un

Il sort.

SCÈNE X

SUZY, TOPAZE, CASTEL-BÉNAC

CASTEL-BÉNAC

Lessivé! Les balayeuses, bztt! Ah! je suis content de ne plus travailler avec cette fripouille!

SUZY

Tu as déposé le dossier?

CASTEL-BÉNAC

Oui, maintenant l'affaire est réglée. Où est ton protégé?

SUZY

Je pense qu'il visite les bureaux.

CASTEL-BÉNAC

Il est très bien, ce garçon. Il me plaît beaucoup. C'est le type même de l'abruti... *(Entre Topaze.)* Eh bien, cher ami.

Il va vers lui. Topaze s'écarte.

TOPAZE, *mélodramatique.*

Madame... Savez-vous qui est M. Castel-Bénac?

CASTEL-BÉNAC, *stupéfait.*

Comment, qui je suis?

SUZY

Quelle étrange question!

TOPAZE

Madame, ignorez-vous ce que je viens d'apprendre?

CASTEL-BÉNAC

Qu'est-ce que c'est que cette plaisanterie?

TOPAZE, *à pleine voix.*

Cet homme qui jouit de votre confiance et que vous honorez de votre amitié, cet homme est un malhonnête homme.

CASTEL-BÉNAC

Moi!

SUZY

Monsieur Topaze, songez-vous à ce que vous dites?

TOPAZE

Madame, écoutez bien les mots que je prononce. *Monsieur Castel-Bénac est un prévaricateur.* Il est donc juste et nécessaire que cet homme soit mis en prison. J'ai bien l'honneur de vous saluer.

SUZY

Où allez-vous?

TOPAZE, *en sortant.*

Chez le procureur de la République.

CASTEL-BÉNAC

Ah! ça! Mais

167

SUZY

Monsieur Topaze, un instant! *(Elle veut le retenir.)*

CASTEL-BÉNAC, *à Suzy.*

Eh bien, chère amie, on peut dire que vous avez la main heureuse. C'est vous qui avez choisi cet halluciné!

SUZY

Régis, laissez-nous seuls, je vous prie; je me charge d'expliquer la chose à monsieur.

CASTEL-BÉNAC

Bien. Expliquez-lui ce que vous voudrez, mais surtout dites-lui bien que s'il est piqué des hannetons, moi je le fais boucler chez les fous, et puis ça ne sera pas long!

Il sort.

SCÈNE XI

SUZY, TOPAZE

SUZY

Monsieur Topaze, voulez-vous me perdre?

TOPAZE

Vous?

SUZY

Moi.

TOPAZE

Votre sort est donc lié au sien?

SUZY

Elle se laisse tomber sur le divan et, dans un souffle, elle murmure :

Oui.

TOPAZE

Vous, complice de ce forban! Vous! Ah! Grands dieux!

SUZY

Vous avez tout compris trop tôt, et vous savez dès maintenant ce que je voulais vous dire demain.

TOPAZE

Madame, que vouliez-vous me dire?

SUZY

Mon histoire. ma stupide histoire... Vite : nous avons peu de temps... Écoutez-moi...

TOPAZE

Je vous écoute, madame.

SUZY

Quand j'ai connu Castel-Bénac. je n'étais encore qu'une enfant. Il fréquentait la maison de mon père, il était le conseil financier de toute ma famille... Il exerçait la profession d'avocat, et il faisait de la politique.

TOPAZE

Naturellement.

SUZY

Oui, naturellement. Quand je me suis trouvée seule au monde, je me suis tournée vers lui parce qu'il était l'exécuteur testamentaire de mon père.

TOPAZE

Je vois ça très bien.

SUZY

Il m'a conseillé de tout vendre : l'usine, les terres, le château, puis je lui ai confié toute ma fortune, et il s'est occupé de placer mon argent.

TOPAZE

Dans quelles affaires, grands dieux!

SUZY

Je ne le savais pas! De temps à autre, il me faisait signer des papiers, auxquels je ne comprenais rien, sinon qu'il s'agissait de contrats avec la ville...

TOPAZE

Vous avez signé?

SUZY

Oui.

TOPAZE

Vous eussiez mieux fait de vous couper la main droite!

SUZY

Oh! oui! mais je signais sans savoir : comme vous tout à l'heure.

TOPAZE

C'est vrai, comme moi!... Et quand avez-vous compris?

SUZY

Trop tard.

TOPAZE

Pourquoi? Il n'est jamais trop tard!

SUZY

Je pouvais le perdre : je ne pouvais plus me sauver. Quel tribunal aurait cru à ma bonne foi?

TOPAZE

Mais, madame, il aurait suffi de raconter ce

douloureux roman comme vous venez de me le raconter. L'accent de la sincérité ne trompe pas!

SUZY

Oui, peut-être, j'aurais dû le dénoncer dès que j'ai compris. Mais maintenant je suis perdue, car depuis plus d'un an j'assiste sans mot dire à ces tripotages, et il m'a bien souvent forcée à y prendre part. Vous m'avez crue complice! Ah! Pas complice... victime! Jugez-moi!

TOPAZE, *un temps.*

Les voilà bien les drames secrets du grand monde! Ah! le monstre est complet! Mais pourtant, madame, c'est vous, tout à l'heure, qui m'avez jeté dans ses griffes! Pourquoi?

SUZY

Vous n'avez pas compris?

TOPAZE

Non.

SUZY

Que peut faire une femme seule, qui se sent au pouvoir d'un homme redoutable? Pleurer... Et chercher un appui.

TOPAZE, *ébloui.*

Et vous m'aviez choisi? Moi? Moi?... Pourquoi, madame, dites-moi pourquoi?

SUZY, *à voix basse.*

Je ne sais...

TOPAZE

Mais oui, vous le savez... Vous le savez, dites-le-moi!

SUZY·

Eh bien... La première fois que je vous ai vu, j'ai été frappée, dès l'abord, par votre visage énergique... *(Topaze prend un air énergique.)* Il m'avait semblé lire dans vos yeux... un certain intérêt... Presque une promesse de dévouement... Je pensais : « Celui-là n'est pas comme les autres... Il est simple, intelligent, énergique, désintéressé... Si j'avais tout près de moi... un homme comme lui, je serais protégée, défendue... peut-être sauvée! » *(Elle le regarde en face.)* Me suis-je trompée?

TOPAZE

Non, non, madame. Cet immense honneur, je veux en être digne. Madame, qu'attendez-vous de moi?

SUZY

D'abord, le silence. Si vous parlez, je suis ruinée, déshonorée, perdue.

TOPAZE

C'est bien. Je me tairai.

SUZY

Et puis, il faut rester auprès de moi. J'ai tant besoin de vous!

TOPAZE, *tremblant.*

Oui, madame... Je veux rester auprès de vous.

SUZY

Merci. *(Elle lui serre les deux mains.)* Merci. Mais savez-vous à quelle condition?

TOPAZE

Non.

SUZY

Il faut regagner la confiance de notre ennemi.

TOPAZE

Comment le puis-je, après les mots que j'ai prononcés tout à l'heure?

SUZY

Écoutez mon plan. Il est simple, il est efficace — car cette situation qui est nouvelle pour vous, j'y pense depuis bien longtemps! Il faut vous installer dans la place — il faut faire bon visage à Castel-Bénac, le seconder dans ses affaires... Ainsi, peu à peu, vous l'étudierez, vous chercherez son point faible, vous le trouverez, et quand vous jugerez que vous pouvez le frapper sans m'atteindre, alors vous frapperez!

TOPAZE

Quoi! Je découvre un criminel, et je deviendrais son complice!

SUZY

Oui, si vous voulez me sauver!

TOPAZE, *après un temps, il se lève,*
soupire profondément.

Ah! Ce débat est cornélien! Quel carrefour! Quel

conflit de devoirs! Ah! si j'avais seulement une heure pour peser le pour et le contre!

SUZY

C'est tout de suite qu'il faut choisir. Castel-Bénac est dans la pièce à côté. Il croit que je suis en train de vous exposer les avantages de votre complicité, et peut-être de vous proposer une augmentation, afin de calmer vos scrupules.

TOPAZE

Quelle bassesse!

SUZY

Il faut lui laisser croire que tel fut le sujet de notre conversation. Et, pour le rassurer, il faudrait lui donner très vite une preuve de docilité.

TOPAZE

Oui, évidemment. Mais laquelle?

SUZY, *elle feint de chercher.*

Oui, laquelle?

TOPAZE

Si je lui serrais la main, la première fois que je le verrai?

SUZY

Il faut le faire, mais ce n'est pas assez.

TOPAZE

Si je lui rendais ces papiers, en lui disant que tout va bien?

SUZY

Excellent! Mais il faut les lui rendre signés.

TOPAZE

Pourquoi signés?

SUZY

Parce que votre signature signifie que vous mar-
chez avec lui et endormira sa méfiance. Donnez.
(Elle prend les papiers.) Qu'est-ce que c'est que ça?

TOPAZE

Achat de huit maisons à la rue Jameau, pour les
revendre très cher à la ville, qui doit exproprier pour
élargir la rue.

SUZY

Tenez, asseyez-vous là... Prenez cette plume, et
signez ici...

TOPAZE, *il a une dernière hésitation, il regarde Suzy.*

C'est difficile.

SUZY

Pour moi.

> *Il signe. Elle lui passe un autre papier.*

Celui-ci... *(Il signe.)* Celui-ci... *(Il signe.)*

> *Pendant que le* RIDEAU *descend.*

ACTE III

Un bureau moderne tout neuf. Au premier plan, deux énormes fauteuils de cuir, dos au public. Au second plan, un formidable bureau américain. Contre le mur du fond, entre les deux portes, un énorme coffre-fort.

Aux murs, des placards sévères portant des inscriptions catégoriques : « Soyez brefs », « Le temps, c'est de l'argent », « Parlez de chiffres », etc., etc.

Au premier plan, à gauche, la porte d'entrée. A droite, sur une autre porte : « Comptabilité ». Sur le bureau : annuaires, bottin, téléphone, un fichier contre le mur.

SCÈNE PREMIÈRE

TOPAZE, LA DACTYLO

Quand le rideau se lève, Topaze est assis derrière le bureau. Il est immobile. On ne voit que le haut de son visage. Il porte maintenant de grosses lunettes à monture d'écaille. Il est très pâle, il paraît anxieux, tourmenté. Au moindre bruit, il tressaille. On frappe à la porte. Il tressaille, il attend. On frappe de nouveau, il se lève, il demande : « Qui est là ? » Une voix répond : « La dactylo. » Il tire le verrou, il entrebâille la porte et laisse entrer une petite dactylo.

LA DACTYLO

C'est un monsieur qui voudrait voir monsieur le directeur.

Elle tend une fiche. Topaze la prend, la lit, et frissonne.

TOPAZE

Oscar Muche !

LA DACTYLO

Il est avec une jeune fille.

TOPAZE

Ernestine!... Qué vous a-t-il dit?

LA DACTYLO

Rien. Il attend.

TOPAZE

De quel air?

LA DACTYLO

Il a l'air sévère.

TOPAZE

Très sévère?

LA DACTYLO

Oh! oui! et il marche tout le temps.

TOPAZE

Dites-lui que je suis absent.

LA DACTYLO

Bon!

TOPAZE

Mais dites-le-lui avec sincérité, d'un ton naturel...

LA DACTYLO, *en sortant*.

Oh! j'ai l'habitude...

TOPAZE

Ernestine! Elle était avec lui! Grands dieux!

La dactylo revient.

LA DACTYLO

Il a dit qu'il reviendrait.

TOPAZE

Il ne faudra pas le recevoir. Jamais! Jamais! Vous savez les ordres : dites toujours que je suis absent, et ne recevez personne, entendez-vous? Personne. Allez, retirez-vous, j'ai du travail.

LA DACTYLO

Je voudrais demander quelque chose à monsieur le directeur.

TOPAZE

Demandez.

LA DACTYLO

Est-ce que monsieur le directeur nous permet de faire apporter un piano?

TOPAZE

Un piano? Pour quoi faire?

LA DACTYLO

Pour apprendre.

TOPAZE

Ici?

LA DACTYLO

Non, à côté, parce que l'autre dactylo s'ennuie; si on pouvait faire un peu de musique, ça la distrairait.

TOPAZE

Évidemment, la musique est une distraction. Si

j'étais seul, mademoiselle, je vous accorderais peut-
être cette autorisation. Mais mon associé, M. Castel-
Bénac, s'y opposera certainement.

LA DACTYLO

Tant pis !

TOPAZE

Je profite de cette occasion pour vous dire qu'il a
vu d'un très mauvais œil les jeux que j'ai tolérés. Il
m'a conseillé de vous interdire les cartes, les dominos
et le jacquet. D'autre part, il ne veut pas admettre la
présence des jeunes gens qui viennent parfois vous
tenir compagnie. Il a cru voir en eux des espèces de
fiancés.

LA DACTYLO, *indignée*.

Eh bien, vous pourrez lui dire qu'il s'est joliment
trompé. Je n'ai pas de fiancé, et Germaine non plus.
Ce sont des jeunes gens qu'on rencontre dans la rue,
alors on les amène ici pour s'embrasser. Parce que
Germaine a des chagrins d'amour et il faut la
distraire. C'est pour ça qu'elle boit du Pernod. Si
vous l'empêchez de vivre, elle deviendra folle.

TOPAZE

Eh bien, je vais parler de tout cela à M. Castel-
Bénac. Jusqu'à nouvel ordre, il vaut mieux ne faire
monter personne et ne jouer à rien.

LA DACTYLO

Alors, qu'est-ce que nous allons faire ?

TOPAZE

Attendre.

LA DACTYLO

Attendre quoi?

TOPAZE

Que je vous donne du travail.

LA DACTYLO

Vous allez nous donner du travail?

TOPAZE

Il est probable que la semaine prochaine je vous ferai copier une lettre.

LA DACTYLO

Oh! ça, je m'y attendais! Depuis quelques jours, vous avez du parti pris contre nous. On ne peut pas s'y remettre si brusquement.

TOPAZE, *avec une colère subite qui rappelle exactement ses explosions de la pension Muche.*

Mademoiselle, si je vous donne l'ordre de me copier une lettre, vous me la copierez. Ah! ça, vous prenez donc ma bonté pour de la faiblesse? Non, mademoiselle. Sachez que le gant de velours cache une main de fer. Prenez garde, mademoiselle, si vous avez le mauvais esprit, je vous briserai! Allez, et préparez-vous à me copier cette lettre samedi prochain.

LA DACTYLO

Bien.

Elle va sortir lentement. Topaze la regarde, puis il la rappelle.

TOPAZE

Mademoiselle... je viens de vous parler durement.
Ne m'en veuillez pas : les affaires sont les affaires.

LA DACTYLO, *humble.*

Oui, monsieur le directeur.

Elle sort.

SCÈNE II

TOPAZE, seul, puis SUZY,
puis CASTEL-BÉNAC

Topaze est nerveux. Il se promène, l'air sombre, il hoche la tête et il murmure : « L'œil était dans la tombe et regardait Caïn. » *Soudain, le téléphone sonne. Topaze prend le récepteur. Il écoute. Il se pince les narines de la main gauche pour répondre.*

TOPAZE

M. Topaze est sorti, monsieur... Quel journal? *La Conscience Publique?* Bien, monsieur... Je ne sais pas s'il pourra vous recevoir, monsieur... Ce n'est peut-être pas la peine de vous déranger... Bien, monsieur, je vous remercie. *(Il raccroche.)* Un journaliste, naturellement.

Entre Suzy.

SUZY

Bonjour, mon cher Topaze. Comment allez-vous?

TOPAZE

Aussi bien qu'il m'est possible, madame, et je vous remercie de l'intérêt que vous voulez bien me porter.

SUZY

Mais, mon cher ami, si je ne m'intéressais pas à vous, je ne vous aurais pas confié la direction d'une affaire aussi importante.

TOPAZE

Je vous en suis très reconnaissant, madame.

SUZY

Où dînez-vous, ce soir?

TOPAZE

Dans ma chambre.

SUZY

Eh hé! Compagnie galante?

TOPAZE

Non, madame. Solitude et réflexion.

SUZY

Eh bien, ce soir, vous dînez avec moi.

TOPAZE

Avec vous?

SUZY

Oui. Il y aura aussi Castel-Bénac et quelques amis... Cela vous distraira.

TOPAZE

Je vous demanderai la permission de ne pas accepter cette invitation, car j'aime mieux ne voir personne.

SUZY

Vous refusez?

TOPAZE

Si vous me le permettez, madame.

SUZY

Même si je vous dis que j'aimerais assez bavarder
avec vous?

TOPAZE

Non, madame. D'abord, je ne sais plus bavarder,
et ensuite vous n'y prendriez aucun plaisir.

SUZY

Voyons, mon cher Topaze, qu'avez-vous?

TOPAZE

Je n'ai rien, madame. Absolument rien.

SUZY

Savez-vous que Castel-Bénac est très inquiet sur
votre compte?

TOPAZE

C'est une grande bonté de sa part.

SUZY

Il vous trouve amaigri... sans entrain...

TOPAZE

C'est un homme qui a du cœur.

SUZY

Qu'avez-vous donc? Vous ne pouvez pas vous
habituer?

TOPAZE

Il y a des choses auxquelles on ne peut pas s'habituer.

SUZY

Voyons... vous savez que je suis votre amie?

TOPAZE

Certainement.

SUZY

Eh bien, qu'y a-t-il?

TOPAZE, *brusquement*.

Madame, il y a que je sais tout. Il y a quarante-deux jours que je suis entré dans cette maison, et depuis vingt-trois jours, je sais que vous vous moquez de moi.

SUZY

Si vous continuez à me parler sur ce ton, je crois que je finirai par me moquer de vous!

TOPAZE

Le 13 avril, à sept heures du soir, je suis allé chez vous, car vous m'aviez invité à dîner. J'attendais dans le petit salon, lorsque à travers une porte vitrée j'entendis une conversation effroyable.

SUZY

Effroyable?

TOPAZE

Hideuse. Mais pleine de sens pour moi. M. Castel-Bénac disait : « Chérie, pourquoi as-tu invité le sympathique idiot? » et vous avez répondu : « Le sympathique idiot est très utile et il faut un peu l'amadouer. » Le sympathique idiot, c'était moi. Quant au mot « chérie », il m'a suffisamment renseigné sur la nature de vos relations avec cet homme.

TOPAZE

Mon cher, si vous ne l'aviez pas compris tout de suite, vous méritiez qu'on vous le cache.

TOPAZE

Cachât !

SUZY

Comment, cachât ?

TOPAZE

Qu'on vous le cachât. Ainsi, vous avouez ! Vous êtes la... la maîtresse de cet homme adultère.

SUZY

Et après ?

TOPAZE

Ah ! grands dieux !

SUZY

Et cette petite aventure prouve une fois de plus qu'on n'a aucun intérêt à écouter aux portes. Je vous croyais plus délicat et je trouve que vous avez une bien vilaine façon d'apprendre par surprise ce que tout le monde sait.

TOPAZE

Ah ! madame ! Oseriez-vous dire que j'aurais accepté cette situation affreuse si vous ne l'aviez pas déguisée ? Vous m'avez attiré dans un guet-apens !

SUZY

Mais non! C'est le hasard qui vous a conduit ici, au moment même où nous cherchions quelqu'un. Et c'est parce que j'avais pour vous de la sympathie que je vous ai offert...

TOPAZE

Madame, si vous aviez pour moi de la sympathie, vous auriez mieux fait, ce jour-là, de me jeter dans la Seine.

SUZY

Mais quand vous avez accepté...

TOPAZE

J'ai accepté sur un sourire, sur deux mots de vous, enivré par le conte absurde que votre beauté m'avait fait croire... J'étais le vaillant chevalier, choisi pour combattre le monstre et délivrer la beauté prisonnière... Je vivais dans un rêve, dans une atmosphère de poésie et d'extravagance... Mais le 13 avril, à sept heures du soir, je suis retombé sur le sol, et ce sol c'était de la fange et de la boue.

SUZY

Selon ce que m'a dit Régis, vous avez gagné trente-deux mille francs en un mois. De quoi vous plaignez-vous?

TOPAZE

De ma conscience.

SUZY

Laissez-la donc tranquille!

TOPAZE

Mais c'est elle qui me poursuit, qui me traque, qui m'environne! Le poids de mes actes m'écrase. Caché dans ce bureau, je sens que l'univers m'assiège!... Ce matin encore, je me suis penché à cette fenêtre, malgré moi, pour voir passer trois balayeuses qui portent sur l'avant mon nom en lettres nickelées: « Système Topaze. » Le reflet du soleil sur cette imposture étincelante m'a forcé de baisser les yeux; j'ai bondi en arrière. j'ai refermé la fenêtre. mais le bruit de leurs moteurs m'arrivait encore, et savez-vous ce qu'ils disaient, ces moteurs? Ils disaient: « Tripoteur! Tripoteur! Tripoteur! » Et les brosses obliques, en frôlant les pavés, chuchotaient: « To-paze escroc! Topaze escroc! »

SUZY

Mais vous êtes fou, mon pauvre ami! Il faut parler de ces visions à M. Castel-Bénac!

TOPAZE, *morne*.

A quoi bon! Je sais bien que ce sont des hallucinations, mais elles me tourmentent nuit et jour...

SUZY

Parce que vous demeurez ici, enfermé comme un prisonnier! Il faudrait profiter de votre situation, voir des gens, sortir!

TOPAZE

Sortir! Croyez-vous, madame, que je sois en état de soutenir le regard d'un honnête homme?

SUZY

En admettant que le regard d'un honnête homme

191

ait quelque chose de particulier, on n'en rencontre pas tellement! *(Elle le regarde, surprise par les tics nerveux qui l'agitent.)* Mais c'est vrai qu'il a l'air d'un fou! Topaze, écoutez-moi; en ce moment, vous êtes malade? Voulez-vous aller passer quelques semaines à la campagne? J'expliquerai la chose à Castel-Bénac.

TOPAZE

Non, non, madame. Non. Je reste ici. J'attends.

SUZY

Et qu'attendez-vous?

TOPAZE, *solennel*.

Ce qui doit arriver.

SUZY, *inquiète*.

Est-ce que vous nous auriez dénoncés?

TOPAZE

Hélas non... Je n'ai même plus ce courage... Révéler votre indignité, ce serait proclamer mon infamie... Et puis, vous dénoncer, vous?

SUZY

Pourquoi pas moi?

TOPAZE, *rudement*.

Allons, madame, ne feignez pas. Ce sentiment que je vous tais, vous l'avez su même avant moi. Et vous vous en êtes servie avec une adresse diabolique, pour me jeter dans les tourments où je suis aujourd'hui. Et voyez jusqu'où va ma bêtise : je sais tout, et ce sentiment n'est pas mort. Oui, je vous hais et je vous aime à la fois... Et je sais pourquoi je vous hais, mais j'ignore pourquoi je vous aime... Mais dans tous ces malheurs et toute cette haine, la seule douceur qui me reste, c'est de vous aimer toujours.

SUZY, *après un silence rêveur.*

Vous êtes fou, mais vous dites parfois des mots gentils.

TOPAZE, *amer.*

Oui, gentils.

SUZY

Depuis longtemps, j'attendais cette scène... Car je savais bien que vous finiriez par apprendre la vérité, et je me demandais avec une certaine inquiétude ce que vous feriez.

TOPAZE

Vous le voyez, madame, j'ai maigri, et c'est tout ce que j'ai pu faire.

SUZY, *sincère.*

Mon pauvre ami! Si vous saviez comme parfois je regrette...

TOPAZE

Mais non, vous ne regrettez rien, puisque vous avez obtenu ce que vous désiriez : un homme de paille soumis et timide; ainsi, vous gagnez de l'argent, et vous vivez dans une sécurité trompeuse auprès de celui que vous aimez; vous l'aimez, cet homme, cet abominable gredin, cet abcès politique, cette canaille enflée qui verra quelque jour fondre sa graisse jaune au soleil des travaux forcés!

193

SUZY

Mais non, mais non! D'abord, il n'ira jamais aux travaux forcés, et ensuite, je ne l'aime pas.

TOPAZE

Vous ne l'aimez pas?

SUZY

Voyons, Topaze, vous rêvez!

TOPAZE

Mais alors, pourquoi êtes-vous à lui?

SUZY

Parce qu'il me fait une vie honorable!

TOPAZE

Honorable! Mais vous n'êtes qu'une femme entretenue!

SUZY

Bah! Comme toutes les femmes! Que ce soit un mari ou un amant, la différence est-elle si grande?

TOPAZE

Si vous ne l'aimez pas, qui donc aimez-vous?

SUZY

Personne.

TOPAZE

Peut-être avez-vous eu, dans votre adolescence, une déception sentimentale?

SUZY

Pas du tout! L'amour ne m'a jamais déçue, je ne lui ai jamais rien demandé.

TOPAZE

Vous n'avez donc jamais eu de cœur?

SUZY

Je n'ai jamais eu de temps. J'ai eu des soucis, moi, est-ce que vous croyez que tout le monde a votre chance?

TOPAZE

Ma chance!

SUZY

Mais oui! La fortune vous est venue sans même que vous y pensiez, et vous n'avez même pas eu le courage de lui faire bon accueil! Moi, il m'a fallu la gagner, et la gagner vite, sinon, je serais morte d'impatience et de désir. Mais sachez bien que chaque pas que j'ai fait sur cette route, il m'a fallu le préparer et le payer. *(Brusquement.)* Au fond, que me reprochez-vous? De n'avoir point de mari? Mais si à vingt ans j'avais rencontré un homme riche, prêt à m'épouser, je vous jure que je n'aurais pas dit non! Mais j'étais pauvre. Qui étaient mes prétendants? Le fils d'un maréchal-ferrant, un marchand de journaux et un contrôleur des tramways. Si j'avais accepté, que serais-je aujourd'hui? Une femme vieillie avant l'âge, les dents jaunes et les mains détruites. Regardez ce que j'ai sauvé! *(Elle montre ses dents et ses mains.)*

TOPAZE, *faiblement.*

Pourtant l'argent ne fait pas le bonheur.

SUZY

Non, mais il l'achète à ceux qui le font. Moi, j'ai su ce que je voulais, et ce que j'ai voulu, je l'ai!

D'ailleurs, je n'ai pas à me justifier devant vous, et je ne sais même pas pourquoi je vous raconte ces choses.

TOPAZE

Peut-être avez-vous pour moi de la sympathie?

SUZY

Oui, je vous l'ai dit et c'est vrai.

TOPAZE

Mais peut-être un jour, cette sympathie...

SUZY

Mon cher Topaze, mettons les choses au point : je me suis intéressée à vous parce que j'ai reconnu en vous la noble, la grandiose, l'émouvante stupidité de mon père... Il avait un petit emploi, plus petit encore que n'était le vôtre. Il le remplissait, comme vous, avec une merveilleuse conscience... Il est mort pauvre. Pauvre... Vous voyez que cette sympathie, ce n'est pas de l'amour... Et d'ailleurs, même si j'avais envie de vous aimer, je ne me laisserais pas aller.

TOPAZE

Pourquoi?

SUZY

Parce que vous êtes un homme timide, faible, crédule... J'aurais besoin d'un homme qui me traîne dans la vie et vous, vous n'êtes qu'une remorque.

TOPAZE

Si vous saviez, dans le fond, quel courage et quelle énergie...

SUZY

Non, mon cher. Vous avez des visions, vous entendez parler les balayeuses! C'est bien joli, mais ce n'est pas rassurant. Je ne vous demande que votre amitié, comme je vous donne la mienne. Et maintenant que la crise est passée, tâchez donc d'apprendre la vie, je vous aiderai de mon mieux.

TOPAZE

Avant que vous entriez ici, je vous aimais d'une façon haineuse et maintenant, même après ces paroles qui ne me laissent aucun espoir, je vous pardonne de tout cœur ce que vous m'avez fait.

SUZY

Mon bon Topaze! Ce n'est pas du mal, c'est du bien!

TOPAZE

Non. Mais puisque vous l'avez fait dans une bonne intention, je vais vous dire ce que je gardais secret, ce que...

Entre Castel-Bénac.

CASTEL-BÉNAC

Bonjour, mon cher Topaze.

TOPAZE

Bonjour, monsieur le conseiller.

CASTEL-BÉNAC

Rien de neuf?

TOPAZE

Non, monsieur le conseiller.

CASTEL-BÉNAC

Il n'est pas venu un certain M. Rebizoulet?

TOPAZE

Non, non. Il n'est venu personne.

CASTEL-BÉNAC

Eh bien, il viendra quelqu'un, car vous allez traiter vous-même une affaire. Comme c'est la première, je l'ai choisie facile, et comme vous faites toujours une gueule d'enterrement, je l'ai choisie gaie.

TOPAZE

Bien, monsieur le conseiller.

CASTEL-BÉNAC

Rebizoulet viendra vous voir certainement aujourd'hui.

TOPAZE

Bien, monsieur le conseiller.

CASTEL-BÉNAC

Ce Rebizoulet est propriétaire de la grande brasserie suisse. L'année dernière, nos services de l'hygiène ont construit devant la brasserie l'un de ces petits monuments de tôle qui perpétuent le souvenir de l'empereur Vespasien.

SUZY

A la bonne heure!

CASTEL-BÉNAC

Or, à mesure que l'été s'avance et que le soleil chauffe, cette vespasienne rend la terrasse de la brasserie positivement inhabitable. et la clientèle s'en va. Rebizoulet est donc venu me trouver pour me demander la suppression de l'édicule.

TOPAZE

Cela se comprend.

CASTEL-BÉNAC

Je lui ai répondu que je n'avais pas le temps de m'en occuper, mais que s'il s'adressait à M. Topaze, l'édicule serait sans doute supprimé. Il va donc venir, et vous le recevrez. Vous lui direz que vous vous chargerez d'obtenir la chose, mais que vous avez des frais et que vous exigez, avant toute démarche, une somme de dix mille francs.

TOPAZE

Mais de quel prétexte puis-je colorer cette demande?

CASTEL-BÉNAC

Vous n'avez rien à colorer. Vous lui demandez dix mille francs. Comme ça. Et il vous les donnera sans aucune difficulté. Alors, je ferai démolir la vespasienne et la ferai transférer en face, devant le café Bertillon.

TOPAZE

Mais que dira M. Bertillon?

CASTEL-BÉNAC

Il viendra vous dire la même chose. Il viendra vous donner dix mille francs. Et après Bertillon, il y en a d'autres. Avant que cet édicule ait fait le tour de l'arrondissement, nous aurons encaissé plus de trois cents billets. C'est une affaire sûre, pratique et même amusante. Nous pourrions faire cinq ou six cafés par an d'une façon régulière... Vous ne trouvez pas ça rigolo?

TOPAZE

Si, monsieur le conseiller.

CASTEL-BÉNAC

Eh bien, riez, riez!

TOPAZE

Est-il nécessaire que je reçoive M. Rebizoulet?

CASTEL-BÉNAC

C'est indispensable, mon cher!... Vous êtes ici depuis deux mois. Il faudrait pourtant que vous commenciez à jouer un rôle actif!... Il est certain que votre signature pourrait me suffire. Mais je trouve absurde de vous laisser inemployé... Je voudrais vous former, faire de vous un collaborateur très au courant, très adroit... Il y a beaucoup d'argent à gagner. Je serai peut-être député un jour. Je pourrais faire de grandes choses avec vous..

TOPAZE

Vous êtes bien aimable, monsieur le conseiller.

CASTEL-BÉNAC

Ne me donnez plus ce titre. Appelez-moi patron.

TOPAZE

Oui, patron.

CASTEL-BÉNAC

Dites donc, il faudra téléphoner à l'Hôtel de Ville

pour demander s'ils ne se décideront pas bientôt à envoyer le chèque des balayeuses.

TOPAZE

Bien, patron. Ils l'ont envoyé.

CASTEL-BÉNAC

Où est-il?

TOPAZE

Dans le tiroir.

Il ouvre le tiroir et en sort le chèque.

SUZY

Et vous ne pouviez pas le dire plus tôt?

CASTEL-BÉNAC

Mais il faut aller l'encaisser tout de suite!... Portez-le donc à la banque Jackson. Je vous ai fait ouvrir un compte. Versez-le à ce compte.

TOPAZE

Bien, patron. Tout de suite?

CASTEL-BÉNAC

Mais oui, tout de suite.

SUZY

La banque est à côté, au coin de l'avenue Wilson.

TOPAZE

Bien patron. Alors j'y vais?

CASTEL-BÉNAC

Mais bien sûr, vous y allez!

Topaze prend le chèque, toussote, met son chapeau et sort à contrecœur.

SCÈNE III

CASTEL-BÉNAC, SUZY

CASTEL-BÉNAC

Il est toujours aussi abruti.

SUZY

Il se fera. Tout à l'heure, il m'a fait la scène que nous attendions.

CASTEL-BÉNAC

Ah!

SUZY

Il avait compris depuis longtemps, et, au fond, il prend ça mieux que je ne l'espérais.

CASTEL-BÉNAC

Tu crois qu'on finira par en faire quelque chose?

SUZY

Je crois que maintenant il ira de mieux en mieux. Moi, ce n'est pas lui qui m'inquiète, c'est le petit Roger

CASTEL-BÉNAC

Tu l'as vu?

SUZY

Ce matin.

CASTEL-BÉNAC

Qu'est-ce qu'il t'a dit?

SUZY

Il m'a parlé vaguement du danger qu'il y a à utiliser des gens maladroits dans des affaires délicates. Il m'a juré encore une fois que si nous avions des ennuis, ils ne viendraient pas de lui. Tu n'es pas inquiet de ce côté-là?

CASTEL-BÉNAC

Oh! pas du tout. Il se donne des airs de maître chanteur, mais c'est par amour-propre.

SUZY

Tu ne crains pas qu'il n'envoie des échos aux journaux?

CASTEL-BÉNAC

Mais non. Aucun journal sérieux n'accepterait une ligne contre moi. Je connais à fond trop de canailleries pour qu'on me reproche mes irrégularités. J'ai mes fiches, moi.

SUZY

Mais tu ne crois pas qu'une lettre anonyme au procureur...?

CASTEL-BÉNAC

Allons, mon petit, quand on a des relations...

SUZY

Oh! les relations! Tu sais, j'ai vu coffrer des gens qui tutoyaient des ministres.

CASTEL-BÉNAC

Oui, pendant la guerre... Mais maintenant la vie a repris son cours normal.

Il sort.

SCÈNE IV

SUZY, TOPAZE

Suzy reste seule un instant. Elle examine divers papiers sur le bureau. Soudain, on entend un galop effréné et un remue-ménage horrible. Topaze paraît sur la porte des appartements de Suzy. Il est pâle, haletant, hagard. Il court à la fenêtre, il regarde la rue et dit : « Sauvé ! »
Il ferme à clef toutes les portes.

SUZY, *effrayée.*

Qu'y a-t-il ?

TOPAZE, *hors d'haleine, pâle, défait,*
se laisse tomber sur un fauteuil.

Grands dieux ! Je m'y attendais, évidemment... Mais tout de même... Ah! Ah! *(Il défaille presque. Il se verse un verre d'eau et le boit en tremblant.)*

SUZY

Topaze ! Voyons, Topaze ! Mais parlez donc !

TOPAZE, *presque à soi-même.*

Ils m'ont suivi... C'était fatal... Ils me guettent depuis quinze jours... Comme je franchissais le seuil, le sbire en bras de chemise s'est avancé vers moi.

Mais j'ai compris et, sans tourner la tête, j'ai fui... Alors, toute une meute s'est mise à ma poursuite : mais j'avais des ailes! J'ai fait deux fois le tour du pâté de maisons pour les dépister... Je me suis jeté dans votre corridor... et me voici... Sauvé, pour le moment, hélas!

SUZY

Eh bien, de pareilles extravagances ne peuvent plus durer. Tant que vous avez des visions ici même, ce n'est rien. Mais si votre imagination finit par attirer sur nous...

TOPAZE

Ah! vous doutez, madame! Tenez, voyez vous-même. *(Il est allé à la fenêtre et il écarte le rideau avec des précautions de Peau-Rouge.)* Voyez, madame, il a repris sa place...

SUZY

Mais que voyez-vous donc?

TOPAZE

Ce gros homme en bras de chemise, en tablier bleu...

SUZY

Eh bien! c'est l'épicier du coin!

TOPAZE, *il referme le rideau.*

Non, madame! non. Cet homme a trop l'air d'être l'épicier du coin pour qu'il soit vraiment l'épicier du coin.

SUZY

Mais alors, qui est-ce?

206

TOPAZE

TOPAZE, *dans un souffle.*

La police!

SUZY

Est-ce qu'il a l'air de vous surveiller?

TOPAZE

Justement, madame. Il ne tourne jamais son regard vers mes fenêtres. Jamais, comprenez-vous? Et il y a aussi un faux raccommodeur de parapluies. Quant aux chanteurs des rues, il en passe cinq ou six par jour. C'est clair, madame, c'est clair! Et puis, vous ne savez pas tout, parce que je vous ai caché jusqu'ici tous les symptômes de la catastrophe prochaine!

SUZY

S'il y a vraiment de pareils symptômes, pourquoi les avez-vous cachés?

TOPAZE

Parce que je jugeais que je n'avais pas le droit de vous avertir, et d'avertir Castel-Bénac. Voici, d'abord, madame, une lettre que j'ai reçue la semaine dernière.

SUZY, *elle lit.*

« *Topaze, il y a de l'eau dans le gaz et l'œil de la police voit tout. Lâche cet os, sinon tu es fait comme un rat.* » Signé : « *Un ami.* » C'est une plaisanterie. Une lettre anonyme! Je vous défends de me faire peur avec des sottises de ce genre. C'est absurde.

TOPAZE

Et ceci... Le journal *La Conscience Publique*, numéro de ce matin :

Un scandale à l'Hôtel de Ville.

« *Le service d'information de* La Conscience Publique *est sur la piste d'une très grave affaire de concussion. Des renseignements concordants qui nous ont été fournis, il résulte que :*

« *1° Un conseiller municipal, après avoir fait voter un crédit important pour l'achat de certains véhicules utilitaires, aurait fourni lui-même ces véhicules, à des prix exorbitants.*

« *2° Le prête-nom, dans cette affaire, serait un malheureux pion révoqué pour une affaire de mœurs.*

« *A bientôt des chiffres, des noms et l'exécution des coupables.* »

Ces lignes sont encadrées au crayon bleu.

SUZY

Vous en avez parlé à Régis?

TOPAZE

Non. Que son destin s'accomplisse! Moi, je ne fuirai pas devant le mien! Il y a autre chose encore, madame. Hier matin, devant la porte, en face de la plaque de cuivre, des gens se sont arrêtés... Un groupe s'est formé qui bientôt devint une foule... Ils ont crié, ils ont montré le poing.

SUZY

Vous les avez vus?

TOPAZE

Oui, madame, et quand je me suis approché de la fenêtre, alors les huées ont redoublé. Ce n'est pas une hallucination, madame! Je les ai vus, je les ai entendus. La société va frapper, il est temps de fuir.

SUZY

Il est absolument impossible...

TOPAZE

Il est impossible que le châtiment ne vienne pas. Ce dénouement était inévitable parce que la société est bien faite, parce que la faute entraîne inexorablement la punition. Si vous avez la chance de recommencer votre vie, souvenez-vous qu'il n'y a qu'une route, le droit chemin.

SUZY

Vous êtes un fou, et je suis bien bête de vous écouter. Quant aux gens que vous dites avoir entendus...

TOPAZE

Ils criaient : « Bravo, Topaze!... C'est indigne! Allez donc chercher la police! » Et puis « Hou! ha ha! Assez! »

Soudain dans la rue, les mêmes cris retentissent.

DES VOIX

Hoho! Il n'y a pas de quoi rire! C'est odieux! Mais allez donc chercher la police!

Suzy est stupéfaite. Elle s'approche de la fenêtre, elle recule, effrayée.

LA DACTYLO, *ouvre la porte et entre, toute pâle.*

Monsieur... c'est la police.

SCÈNE V

TOPAZE, L'AGENT DE POLICE,
LA DACTYLO, SUZY

*Un agent de police paraît. Topaze recule d'un pas,
l'agent fait un salut militaire.*

TOPAZE

Pouvez-vous m'accorder une minute?

L'AGENT

Oui, quoique ça soye un peu pressé. Entrez,
mademoiselle.

Entre la seconde dactylo, visiblement ivre.

TOPAZE

Qu'est-ce que c'est?

L'AGENT

C'est votre employée qui se met à la fenêtre et qui
appelle le monde. Ça a commencé hier matin. Je
passe comme d'habitude et je vois, à cette fenêtre,
une femme qui montre sa gorge, pas toute, rien
qu'une gorge. Pour ainsi dire, un nichon, sauf le
respect que je dois à madame. Naturellement, plusieurs personnes se sont arrêtées, et il y en a même
qui ont applaudi, principalement des hommes. Moi

je fais mon rapport au commissaire. Il me dit : « Pas de gaffe, qué? C'est le bureau de M. l'ingénieur Topaze, celui des balayeuses. Cette femme, à la fenêtre, c'est peut-être de la publicité américaine. » Mais voilà que, ce matin, je la vois encore. Mais cette fois, elle buvait une bouteille de liqueur. Alors j'ai compris que c'est une femme qui boit et je suis monté vous le dire.

TOPAZE

Je vous en remercie bien vivement.

SUZY, *elle rit.*

Pouvez-vous vous charger de la reconduire?

L'AGENT

Avec plaisir, madame.

Il frise sa moustache et regarde la Dactylo de côté. Suzy sort.

TOPAZE, *le rappelle.*

Dites, monsieur l'agent, est-ce que cette affaire aura des suites?

L'AGENT

Des suites?... Dites... parlez pas de malheur! Je suis marié, moi!...

Il sort au bras de la Dactylo.

SCÈNE VI

LE VÉNÉRABLE VIEILLARD,
TOPAZE

Entre un vénérable vieillard. Il porte des favoris blancs comme un notaire de province. Toute sa personne est d'une éminente dignité. Il s'avance, l'air triste et noble, et salue Topaze cérémonieusement.

LE VÉNÉRABLE VIEILLARD

J'ai le plaisir de parler à monsieur Topaze?

TOPAZE

Oui, monsieur. En quoi puis-je vous servir?

LE VÉNÉRABLE VIEILLARD

En rien, monsieur. Ce n'est point pour vous demander votre aide mais pour vous offrir la mienne que je suis venu ici aujourd'hui.

Il s'assoit près du bureau.

TOPAZE

Je vous remercie par avance, monsieur, mais j'aimerais assez savoir qui vous êtes.

212

TOPAZE

Qui je suis? Un vieux philosophe qui a la faiblesse de s'intéresser aux autres. Quant à mon nom, il importe peu. Venons-en au fait. Vous avez dû lire, avant-hier, dans une feuille publique, un écho qui contient une allusion assez nette à certaines affaires que vous avez traitées.

TOPAZE

Oui, monsieur. Il m'a semblé, en effet, que le pion douteux pouvait bien s'appliquer à moi-même, quoique je n'aie pas été révoqué pour une affaire de mœurs.

LE VÉNÉRABLE VIEILLARD

Je l'admets, mais il faut bien accorder un peu de fantaisie aux journalistes... Il n'en est pas moins vrai que vous avez fourni à la ville des balayeuses dites « système Topaze ». Or, ces véhicules sortent d'une maison italienne et vous n'êtes, en l'affaire, que le prête-nom de M. Castel-Bénac. Le directeur de ce journal a fait lui-même une enquête des plus sérieuses, et le numéro de demain doit révéler toute la combinaison à ses lecteurs. C'est ce numéro que je vous apporte. Voici.

Il tend un journal à Topaze. En première page, un titre énorme : « Le scandale Topaze. » Tandis que Topaze, effaré, le parcourt, le Vénérable Vieillard l'observe.

LE VENÉRABLE VIEILLARD

Quatre colonnes de preuves irréfutables! Cinq cent mille exemplaires dans les rues demain matin.

213

TOPAZE

Avec ma photographie... Mais enfin, monsieur, pourquoi ces gens-là veulent-ils me perdre?

LE VÉNÉRABLE VIEILLARD, *dignement.*

Monsieur, le premier devoir de la presse, c'est de veiller à la propreté morale et de dénoncer les abus. Je dirais même que c'est sa seule raison d'être. Enfin, vous voilà prévenu.

Il se lève.

TOPAZE

Je vous remercie de votre démarche spontanée, quoique je n'en tire pas un grand avantage...

Un temps.

LE VÉNÉRABLE VIEILLARD

Vous n'avez rien à me dire?

TOPAZE

Non, monsieur. Que dire?

LE VÉNÉRABLE VIEILLARD, *insinuant.*

Je connais bien Vernickel, le directeur. Ne me chargerez-vous point d'une commission pour lui?

TOPAZE

Dites-lui qu'il a raison et qu'il fait son devoir.

LE VÉNÉRABLE VIEILLARD

Oh! voyons, monsieur, vous n'allez pas attendre que le scandale éclate? *(Topaze répond par un geste de lassitude et d'impuissance.)* Réfléchissez, monsieur, l'honneur est ce que nous avons de plus précieux et il vaut tous les sacrifices. Vernickel n'est pas une brute... Certain geste pourrait le toucher... Allons monsieur, vous devinez ce qui vous reste à faire?

TOPAZE

Monsieur, je n'ose vous comprendre

LE VÉNÉRABLE VIEILLARD. *souriant*.

Osez, monsieur .. osez...

TOPAZE

Et vous croyez que si je fais ce geste, le numéro ne paraîtra pas?

LE VÉNÉRABLE VIEILLARD

Je vous donne ma parole d'honneur que c'est un enterrement de première classe.

TOPAZE, *perplexe*.

De première classe?

LE VÉNÉRABLE VIEILLARD

Allons, un peu de bonne volonté. Exécutez-vous

TOPAZE, *hagard*.

Tout de suite?

LE VÉNÉRABLE VIEILLARD

Ma foi. le plus tôt sera le mieux.

TOPAZE, *même jeu*.

Quoi? Devant vous?

LE VÉNÉRABLE VIEILLARD, *joyeux*.

Tiens, mais oui, parbleu!

TOPAZE

Monsieur, vous tenez donc à voir râler un de vos semblables?

LE VÉNÉRABLE VIEILLARD, *débonnaire*.

Mais qui vous oblige à râler? C'est ce que je leur dis toujours. Pourquoi râler, puisque vous finirez par y passer comme les autres? — Mais non, ils râlent toujours, on dirait que ça les soulage!

TOPAZE, *indigné*.

Mais savez-vous bien, monsieur, que ce sang-froid ne vous fait pas honneur? Oui, j'ai commis une faute grave, je le reconnais, je l'avoue. Oui, j'ai mérité un châtiment... Mais, cependant..

Castel-Bénac vient d'entrer. Il regarde Topaze, puis le vieux monsieur, puis Topaze.

SCÈNE VII

CASTEL-BÉNAC,
LE VÉNÉRABLE VIEILLARD, TOPAZE

CASTEL-BÉNAC

Qu'est-ce que c'est?

TOPAZE

Cet homme a surpris nos secrets, et il exige que je me tue devant ses yeux.

CASTEL-BÉNAC

Sans blague?

LE VÉNÉRABLE VIEILLARD, *joyeux.*

Mais non, je voulais...

CASTEL-BÉNAC

Combien?

LE VÉNÉRABLE VIEILLARD

Vingt-cinq mille.

Il donne à Castel-Bénac le numero du journal.

TOPAZE

Comment, monsieur...

CASTEL-BÉNAC

Taisez-vous, asseyez-vous, cher ami.. *(Il parcourt le journal.)* Bien. Est-ce que Vernickel sait que je suis dans le coup?

LE VÉNÉRABLE VIEILLARD

Oui, mais il m'avait dit de m'adresser à M. Topaze.

CASTEL-BÉNAC

Il n'est pas bête. « Allô, mademoiselle.. demandez-moi Vernickel à *La Conscience Publique*. » Dites donc. vénérable vieillard, ce n'est pas la première fois que vous faites du chantage?

LE VÉNÉRABLE VIEILLARD, *froissé*.

Oh! monsieur... Ai-je l'air d'un débutant? J'ai commencé avec Panama.

CASTEL-BÉNAC

Ça. c'était du beau travail.

LE VÉNÉRABLE VIEILLARD

Ah! oui... Des députés, des ministres, pensez donc... Des gens très bien... J'en ai fait une quarantaine, et sans entendre seulement un mot grossier... Et pourtant. à cette époque-là, je n'avais pas encore le physique...

CASTEL-BÉNAC

« Allô? » Le physique, ce n'est rien, mais c'est le culot!

LE VÉNÉRABLE VIEILLARD

Eh bien, monsieur, ne croyez pas ça. Le physique, voyez-vous..

CASTEL-BÉNAC, *au téléphone*.

Bonjour, mon cher Vernickel... Pas mal, mon vieux, et vous-même? Dites donc, il y a chez moi un vénérable vieillard qui vient de votre part. Je le trouve un peu cher. Oui, une petite réduction. Non, encore trop cher... Ce que je donne? Eh bien, je donne cinq francs, oui, cent sous. Bon. Eh bien, mon cher, vous avez tort de menacer un vieil ami. Attendez une seconde... *(A Topaze.)* Le dossier... *(Topaze lui passe le dossier.)* Une petite histoire... *(Il lit sur une fiche.)* Vous avez peut-être connu un apprenti imprimeur qui s'enfuit de Melun en novembre 1894 en emportant la caisse de son patron? Il fut condamné le 2 janvier 1898 par le tribunal correctionnel de Melun à treize mois de prison... Très curieux, hein? Ah! bon!... bon!... Un simple malentendu, évidemment... Très vieille amitié, mais oui. Et votre petit Victor va bien? Oui, c'est à cet âge-là qu'ils sont le plus intéressants... Au revoir, cher ami... A bientôt!... *(Au Vénérable Vieillard.)* C'est réglé.

LE VÉNÉRABLE VIEILLARD, *souriant*.

Et fort bien réglé, monsieur, mes compliments... Je n'ai plus qu'à me retirer.

CASTEL-BÉNAC

Aucun doute là-dessus.

LE VÉNÉRABLE VIEILLARD

Mais je voudrais vous demander une faveur...

CASTEL-BÉNAC

Laquelle?

LE VÉNÉRABLE VIEILLARD

Voulez-vous me permettre de copier la suite de la fiche de Vernickel?

CASTEL-BÉNAC

Vénérable vieillard, je vous trouve un peu culotté!

LE VÉNÉRABLE VIEILLARD

Dans ce cas, n'en parlons plus... Messieurs...

CASTEL-BÉNAC

Ah! écoutez. Un mot. *(Il l'entraîne dans un coin et lui dit à demi-voix.)* Vous me feriez plaisir de sortir à reculons.

LE VÉNÉRABLE VIEILLARD

Pourquoi?

CASTEL-BÉNAC

Parce que si vous me tournez le dos, je ne pourrai pas m'empêcher de vous botter le derrière.

LE VÉNÉRABLE VIEILLARD

Ah! Fort bien, fort bien...

Il sort à reculons et, sur la porte, il s'enfuit.

SCÈNE VIII

CASTEL-BÉNAC, TOPAZE

CASTEL-BÉNAC

Et voilà !

TOPAZE

Et voilà !

CASTEL-BÉNAC

Toutes les fois que vous recevrez un de ces oiseaux-là, dites-lui de revenir quand je serai là... A tout à l'heure, mon cher Topaze...

Il sort par la porte qui conduit chez Suzy. Topaze reste seul.

SCÈNE IX

MUCHE, TOPAZE

Paraît M. Muche.

MUCHE, *très affectueux*.

Bonjour, mon cher ami... Je suis ravi de vous voir, je suis absolument enchanté...

TOPAZE

Bonjour, monsieur le directeur...

MUCHE

J'ai essayé plusieurs fois de vous rendre visite, mais vous étiez toujours absent... Je le comprends fort bien, d'ailleurs. Vous êtes maintenant dans les affaires... Et quelles affaires!

TOPAZE

Oui... quelles affaires... On vous en a parlé?

MUCHE

Naturellement... Et j'ai tous les matins, vers huit heures, une émotion bien douce... Par la fenêtre de mon bureau, je vois passer trois balayeuses... Elles suivent trois chemins parallèles, elles avancent à la même vitesse, sans jamais se rejoindre, ni se dépasser... Et les trois brosses tournent avec un doux murmure, et sur les trois capots étincelle votre nom : « Système Topaze. » Eh bien, mon cher ami, quand elles passent je salue.

TOPAZE

Monsieur le directeur, il n'y a pas de quoi saluer.

MUCHE

Oh! je sais que vous êtes modeste, mais vous ne pouvez défendre à vos amis d'être fiers pour vous; si vous saviez combien souvent nous parlons de vous... Hier, en plein conseil de discipline, quand j'ai annoncé à vos collègues que j'avais résolu de vous offrir la présidence de la distribution des prix, ils ont accueilli la nouvelle avec une joie qui vous eût touché, et ils m'ont pressé de venir vous arracher votre consentement...

TOPAZE

Moi, président...

MUCHE

Mais oui... Vous feriez un discours charmant, avec une petite pointe d'émotion, du moins, je l'espère...

TOPAZE, *très ému.*

Mais non, c'est impossible... Et d'ailleurs, d'ici là... Monsieur le directeur, il y a eu entre nous un grave malentendu... mais je vous sais un homme intègre, et je vous dois la vérité. Donnez-moi votre parole de ne jamais répéter ce que je vais vous dire.

MUCHE

Si vous m'estimez assez pour m'honorer d'une

confidence, elle restera ensevelie au plus profond de moi-même, je vous en donne ma parole d'honneur.

TOPAZE

Monsieur le directeur, je ne suis plus un honnête homme.

MUCHE

Allons donc!...

TOPAZE

Je ne suis plus que le prête-nom d'un prévaricateur.

MUCHE

Allons donc... Allons donc...

TOPAZE

Mais puisque je vous le dis...

MUCHE

On dit tant de choses, mon cher ami, vous cédez à ce goût du paradoxe qui d'ailleurs a toujours fait le charme de votre conversation. Cependant, pour entrer dans votre plaisanterie, c'est bien de Castel-Bénac que vous êtes l'homme de paille?

TOPAZE

Précisément...;

MUCHE

Dans ce cas, je vous dirai, pour le plaisir de faire un bon mot, que vous êtes l'homme de paille d'un homme d'acier... *(Il rit.)* C'est-à-dire que vous ne courez aucun danger...

224

TOPAZE

Il est bien facile de voir que je n'ai pas inventé les balayeuses. Beaucoup de gens doivent le comprendre et le dire...

MUCHE

Eh bien! qu'ils viennent me le dire à moi. Et je leur répondrai que j'ai vu, de mes yeux vu, les esquisses et les plans que vous traciez sans cesse sur le tableau noir de votre classe.

TOPAZE

Vous les avez vus?

MUCHE

J'en suis à peu près certain. Et en tout cas, je pourrais en témoigner. Où et quand vous voudrez. Vous gagnez beaucoup d'argent?

TOPAZE

Trop.

MUCHE

Ah! la belle réponse... « Trop »... Vous êtes vraiment un homme extraordinaire, mon cher ami... Je le savais d'ailleurs depuis bien longtemps... Que de fois n'ai-je pas dit à la table de famille : « Ce garçon a trop d'envergure, il finira par nous quitter... » Et je disais à Mme Muche : « S'il veut partir, je le laisserai libre! » Et c'est par pure amitié, mon cher Topaze, que le jour où vous m'avez demandé votre liberté, je n'ai pas essayé de me cramponner à vous. Et maintenant, mon cher ami, je voudrais vous entretenir d'un sujet qui me tient à cœur. Je suis père, mon cher Topaze. Et père malheureux... Combien malheureux!...

225

TOPAZE

Mlle Muche est malade?

MUCHE

Hélas!... son sort, mon ami, vous intéresse encore? Elle est frappée d'un mal qui ne pardonne pas...

TOPAZE

Les poumons...

MUCHE

Non, le cœur.

TOPAZE

Il faut voir un spécialiste.

MUCHE

Il est devant moi. Oui. Hélas! oui... à l'époque récente où vous étiez l'honneur de la pension Muche, vous passiez le long des couloirs, pensif, perdu dans des spéculations scientifiques qui vous empêchaient de regarder à vos pieds et d'y voir le cœur de cette pauvre enfant...

TOPAZE

Le cœur de votre fille?

MUCHE

L'amour l'avait touché de son aile, et moi, père aveugle, je n'avais pas compris... Mais, depuis votre départ, son attitude me brise le cœur. Elle rêve de longues heures auprès de la cheminée... Elle s'est lentement amaigrie... Et puis, hier, elle m'a tout dit... Voilà la confession d'un père.

Il essuie une larme.

TOPAZE, *il éclate tout à coup.*

Ah! non, non, tout de même...

MUCHE

Ah!... Pas de mots irréparables... Elle est là, dans l'antichambre, et elle attend avec une angoisse...

TOPAZE

Mais je vous ai pourtant demandé la main de votre fille et, pour toute réponse, vous m'avez mis à la porte.

MUCHE

Vous m'avez demandé la main de ma fille?

TOPAZE

Oui.

MUCHE

Je vous l'accorde.

Il se lève comme un ressort et sort en courant.

TOPAZE

Monsieur Muche...

SCÈNE X

ERNESTINE, TOPAZE, LA DACTYLO

Ernestine a les cheveux coupés à la garçonne. Elle est fardée, poudrée, parée pour s'offrir à un homme riche. Elle entre, les yeux baissés, le sein palpitant.

ERNESTINE

Bonjour.

TOPAZE

Bonjour, mademoiselle.

Elle le regarde, elle sourit, elle soupire, elle s'assoit.

ERNESTINE

Je suis bien contente! Je savais bien que tout finirait par s'arranger.

TOPAZE

Puis-je vous demander à quel événement vous faites allusion?

ERNESTINE

Papa ne vous a pas dit qu'il consent?

TOPAZE

A quoi?

ERNESTINE

A ce que vous demandez... Et moi, je ne devrais pas dire oui si vite, mais je ne veux pas vous inquiéter. C'est oui.

TOPAZE

Mademoiselle, je vous demande, en grâce, de ne pas vous offenser des paroles que je vais prononcer...

ERNESTINE

Désormais, vous pouvez tout me dire sans m'offenser...

TOPAZE

Il est exact qu'un jour j'ai demandé votre main à votre père. Il refusa. Depuis je n'ai eu ni l'occasion ni le désir de renouveler cette démarche.

ERNESTINE

Je ne comprends pas...

TOPAZE

Faites un petit effort, mademoiselle. Je viens de vous dire que je ne songe plus à me marier.

ERNESTINE

Henri... Henri...

TOPAZE

Je m'appelle Albert.

TOPAZE

Ah!... *(Elle s'évanouit dans ses bras. Topaze paraît d'abord assez embarrassé, puis il la dépose dans un fauteuil. Elle se cramponne à lui comme instinctivement en murmurant.)* Albert, laissez-moi. Nous sommes seuls, n'en abusez pas.

Elle ferme les yeux et d'un geste machinal cherche à ouvrir son corsage.

TOPAZE

Mademoiselle, la comédie que vous me donnez est inutile. Je ne suis pas un idiot. Rajustez-vous, je vous en prie...

A ces mots, elle se lève brusquement. On frappe à la porte.

TOPAZE

Entrez. *(Paraît la Dactylo. Elle tend une carte à Topaze.)* Bien. Attendez un instant. Restez là, mademoiselle. Mademoiselle Muche, mes affaires ne me laissent pas le temps de continuer en ce moment cette conversation... Nous pourrons la reprendre plus tard, un autre jour...

ERNESTINE

Demain. Où ?

TOPAZE

C'est que... précisément demain, je serai forcé de rester ici.

ERNESTINE

Je viendrai ici, vous me donnerez la clef et j'irai vous attendre chez vous... A demain...

230

TOPAZE

TOPAZE, *à la Dactylo*.
Voulez-vous reconduire mademoiselle.

ERNESTINE
Vous me chassez? Goujat!

Elle le gifle.

SCÈNE XI

CASTEL-BÉNAC, TOPAZE, SUZY,
LA DACTYLO

Entre Castel-Bénac suivi de Suzy.

CASTEL-BÉNAC, *il voit la gifle et se tourne vers Suzy.*

Vous voyez bien, chère amie, ce n'est plus possible...

TOPAZE

Permettez-moi de vous expliquer...

CASTEL-BÉNAC,

Non, mon cher, ne m'expliquez rien. Madame vient de me raconter ce qui s'est passé ici en mon absence, et vraiment, je crois qu'il n'y a rien de mieux à faire que de nous séparer. Tenez, voilà d'abord un petit cadeau d'adieu.

Il lui tend un petit écrin.

TOPAZE

Qu'est-ce que c'est?

SUZY

Les palmes que Régis avait demandées pour vous.

TOPAZE, *très ému.*

Mais je les ai officiellement?

CASTEL-BÉNAC

Tout ce qu'il y a de plus officiel.

SUZY

Vous verrez votre nom demain dans la promotion.

*Topaze a ouvert l'écrin et il regarde avec stupeur
les palmes académiques. Il paraît profondément
absorbé.*

CASTEL-BÉNAC

Et maintenant, qu'est-ce que vous diriez d'un
gentil petit poste de professeur, au collège d'Oran,
par exemple? Trois mois de vacances et un traitement honorable, avec le quart colonial en plus
Hein? Ça vous va?

TOPAZE, *doucement.*

Non, patron... Non, merci.

CASTEL-BÉNAC

Ah? Est-ce que vous voudriez, par hasard, une
petite indemnité?

TOPAZE

Non, patron... Je ne veux pas une petite indemnité.

CASTEL-BÉNAC

Une grosse indemnité, alors? *(A Suzy.)* Oh! mais
dites donc, il est peut-être moins bête qu'il n'en a
l'air! Laissez-moi vous dire, mon garçon, que votre
position vis-à-vis de moi n'est pas aussi forte que
vous croyez. Si je voulais vous mettre dehors nu et

cru, je ne me gênerais pas le moins du monde. Ne vous imaginez pas que vous pouvez me faire quelque sale histoire en allant raconter ce que vous savez. Vous y seriez pris le premier, mon ami. Compris, hein? Pas de chantage avec moi. Dites carrément ce que vous voulez, et je vous le donnerai par amitié. Allez-y.

TOPAZE

Je veux rester ici.

CASTEL-BÉNAC

Pour quoi faire?

TOPAZE

Mes preuves.

CASTEL-BÉNAC

Il me semble qu'elles sont déjà faites!

TOPAZE

Non, patron. Jusqu'ici j'ignorais absolument bien des choses que j'entrevois.

SUZY

Lesquelles?

TOPAZE

La vie n'est peut-être pas ce que je croyais. C'est peut-être vous qui avez raison, après tout...

La Dactylo, qui attendait depuis le début de cette scène, fait un pas en avant.

LA DACTYLO

Alors, qu'est-ce que je lui dis au monsieur qui attend?

CASTEL-BÉNAC

Quel monsieur? *(La Dactylo lui tend la carte, il lit.)* Rebizoulet?

TOPAZE

Voulez-vous que j'essaie de le recevoir?

CASTEL-BÉNAC

A quoi bon? Pour gâcher encore cette affaire?

SUZY

Régis, faites-lui crédit encore une fois!

CASTEL-BÉNAC

C'est qu'il est dangereux, chère amie.

SUZY

Je vous le demande.

CASTEL-BÉNAC

Allons, et mettez donc vos palmes pour vous donner plus d'assurance.

SUZY

Donnez...

> *Elle prend le petit ruban violet, et l'attache à la boutonnière de Topaze.*

CASTEL-BÉNAC

Vous me téléphonerez le résultat à huit heures chez Maxim's. Venez, chère amie...

SUZY

C'est vrai. Le procureur doit nous attendre!

TOPAZE, *effrayé.*

Le procureur ? Pour quoi faire ?

CASTEL-BÉNAC

Mais pour dîner, parbleu !

Ils sortent.

TOPAZE, *resté seul, réfléchit un moment.*

Puis il ouvre de nouveau l'écrin, en tire le papier qu'il déplie et lit :

« *Le ministre de l'Instruction Publique, etc., à M. Albert Topaze, ingénieur, pour services exceptionnels.* » *(Il secoue la tête, puis se tourne, décidé, vers sa dactylo.)* Faites entrer M. Rebizoulet !

Elle sort. Il s'assoit derrière son bureau et attend.

RIDEAU

ACTE IV

Même décor.
Il est quatre heures de l'après-midi.

SCÈNE PREMIÈRE

SUZY, CASTEL-BÉNAC

Suzy et Castel-Bénac sont assis dans des fauteuils et attendent, la mine assez grise. Ils fument tous deux. Soudain Castel-Bénac se lève et tire sa montre.

CASTEL-BÉNAC

Il a tout de même du toupet ! Il est quatre heures et demie et je lui avais dit que je viendrais à deux heures.

SUZY

S'il est retenu quelque part, il pourrait au moins téléphoner.

CASTEL-BÉNAC

Ma chère amie, en ce qui vous concerne, il y a une excuse. Il ne se doute pas que vous devez assister à notre règlement de comptes mensuel.

SUZY

Comment ? Il travaille pour nous depuis huit mois, et j'ai été présente toutes les fois.

CASTEL-BÉNAC

Oui, sans doute, mais vous étiez là en curieuse, et

239

comme par hasard... Il sait bien que votre présence n'est pas nécessaire.

SUZY

Au fond, c'est vrai... Il vaudrait peut-être mieux que je m'en aille. *(Elle se lève.)*

CASTEL-BÉNAC, *soulagé.*

Je n'osais pas vous le dire, mais je le souhaitais. Il me déplairait que vous ayez l'air d'avoir attendu ce monsieur.

SUZY

Vous avez raison: *(Elle se dirige vers la porte. Soudain elle se retourne, avec un rire moqueur.)* Vous seriez bien content si je sortais? Ah non! Pas si bête, mon cher. *(Elle vient se rasseoir.)*

CASTEL-BÉNAC, *surpris.*

Comment, pas si bête?

SUZY

Vous espériez peut-être me cacher l'affaire du Maroc?

CASTEL-BÉNAC, *stupéfait.*

Quelle affaire du Maroc?

SUZY

Vous faites une drôle de tête... Vous niez!

CASTEL-BÉNAC, *sincère.*

Je ne sais pas de quoi vous parlez.

SUZY

Cette mauvaise foi me prouve que vous étiez

décidé à garder pour vous ma commission... Eh bien!
ça, mon cher, je ne l'admets pas.

CASTEL-BÉNAC, *ahuri*.

Ma chérie, je te jure que je ne comprends pas.

SUZY

Vous ignorez que vous faites une affaire de
concessions de terrains au Maroc? Des terrains qui
contiennent des carrières de marbre, des gisements de
plomb et des forêts de chênes-lièges?

CASTEL-BÉNAC

Première nouvelle. Qui vous a dit ça?

SUZY

Il serait difficile de l'ignorer, attendu que Mares-
cot, le député, est ici tous les matins, avec un petit
attaché du ministère des Colonies... *(Elle montre une
carte sur le mur.)* Et si vous croyez que je n'ai pas vu
cette carte, avec un carré au crayon bleu, c'est que
vous me prenez vraiment pour une sotte.

CASTEL-BÉNAC, *il s'approche de la carte
et la regarde avec un sincère étonnement*.

Cette carte? Je ne l'avais même pas remarquée.

SUZY, *nerveuse*.

Ah!... Rien n'est agaçant comme cette hypocrisie!

CASTEL-BÉNAC, *irrité*.

Ma chère, rien n'est agaçant comme ces reproches
à propos d'une histoire dont je ne connais pas le
premier mot!

241

SUZY

Alors, voulez-vous me dire pourquoi il vous déplaît que j'assiste à ce règlement de comptes?

CASTEL-BÉNAC

C'est tout simple. Topaze est devenu assez fier depuis qu'il a réussi cette affaire et il se prend un peu trop au sérieux. Quand je suis seul avec lui, il m'est possible de tolérer une certaine liberté de langage... Tandis que votre présence peut exciter son amour-propre... Il dépasserait peut-être les bornes de ma patience et me réduirait probablement à le mettre à la porte, ce qui serait bien triste pour ce garçon.

SUZY, *ironique.*

En somme, vous avez pitié de lui?

CASTEL-BÉNAC

Peut-être.

SUZY, *bien en face.*

Vous en avez peur!

CASTEL-BÉNAC

Chère amie, songez à ce que vous dites. Moi, j'aurais peur de mon employé?

SUZY

En tout cas, vous venez d'avouer que votre employé n'a pas peur de vous.

CASTEL-BÉNAC

Il n'a plus peur de moi. C'est un fait. (*Brusquement agressif.*) Et j'ajoute que c'est par votre faute. Absolument.

SUZY

Par ma faute ?

CASTEL-BÉNAC

Sous prétexte de le rassurer. de le guider, vous êtes venue ici trop souvent... Vous avez poussé l'imprudence jusqu'à lui donner des conseils sur ses costumes...

SUZY

Dans notre intérêt. Un directeur d'agence aussi mal vêtu était suspect.

CASTEL-BÉNAC

Maintenant. si j'ai besoin de lui, le matin, on me répond : « Monsieur est chez son tailleur » ou « Monsieur est à la piscine ». Et encore ceci ne serait que ridicule, mais vous avez fait pire...

SUZY

Régis !

CASTEL-BÉNAC

Oui, vous avez fait pire.

SUZY

Et qu'ai-je donc fait ?

CASTEL-BÉNAC

Vous lui avez appris à *manger*.

SUZY

Parce que je l'ai invité quelquefois ?

CASTEL-BÉNAC

Deux fois par semaine en moyenne. Vous lui avez

243

révélé les grandes nourritures, et maintenant, parbleu, il a l'intelligence et l'énergie d'un homme bien
nourri. C'est exactement l'histoire du chimpanzé de
ma mère. Quand elle l'a acheté il était maigre, il
puait la misère, mais je n'ai jamais vu un singe aussi
affectueux. On lui a donné des noix de coco, on l'a
gavé de bananes, il est devenu fort comme un Turc, il
a cassé la gueule à la bonne. Il a fallu appeler les
pompiers... *(Il tire de nouveau sa montre.)* Oui, mais
cette fois-ci je vais lui faire sentir les rênes. *(Suzy le
regarde d'un drôle d'air. Il traverse encore une fois le
bureau, les mains derrière le dos, et il a un subit accès
de colère.)* Qu'est-ce que c'est que ce miteux qui se
permet... Un misérable pion, c'est de l'inconscience...
Oh! mais... Oh! mais!...

Entre Topaze brusquement

SCÈNE II

LES MÊMES, plus TOPAZE

Il porte un costume du bon faiseur. Il a des lunettes d'écaille, sa face est entièrement rasée. Il marche d'un pas décidé.

CASTEL-BÉNAC, *sec et autoritaire.*

J'ai le regret de vous dire qu'il est quatre heures trois quarts. *(Topaze le regarde d'un air absent, passe devant lui, salue Suzy, et va s'asseoir au bureau. Il ouvre un tiroir, prend un carnet.)* Nous vous attendons depuis deux heures. Il est tout de même paradoxal...

TOPAZE, *glacé.*

Vous permettez? Une seconde. *(Il note quelque chose et remet le carnet dans le tiroir. Suzy et Castel-Bénac se regardent, un peu ahuris. Castel fait à Suzy un signe qui veut dire : « Tu vas voir tout à l'heure. »)* C'est fait. Eh bien je suis charmé de vous voir. De quoi s'agit-il?

SUZY

Du règlement de comptes pour le mois de septembre, puisque nous sommes le quatre octobre.

TOPAZE, *se lève.*

Chère madame, vous êtes la grâce et le sourire,

245

tandis que des règlements de comptes sont des choses sèches et dures. Je vous supplie de ne point faire entendre ici une voix si pure qu'elle rendrait ridicules les pauvres chiffres dont nous allons discuter. *(Il lui baise la main et la conduit avec beaucoup de bonne grâce jusqu'à un fauteuil au premier plan, à gauche. Il la fait asseoir et lui tend un journal illustré.)* Voici le dernier numéro de *La Mode française*... Car j'ai suivi votre conseil, je me suis abonné. *(Il la laisse ahurie et se tourne vers Castel.)* Qu'y a-t-il pour votre service? Des chiffres?

CASTEL-BÉNAC

Oui, venons-en aux chiffres. Je vous dirai ensuite ma façon de penser.

TOPAZE

Je serai charmé de la connaître. *(Il prend un registre.)* Je vous dois, pour le mois de septembre, une somme globale de soixante-cinq mille trois cent quarante-sept francs.

Il lui remet un papier. Castel-Bénac compare avec un carnet qu'il a tiré de sa poche.

CASTEL-BÉNAC

Ce chiffre concorde avec les miens.

Il examine le papier. Suzy lit par-dessus son épaule.

SUZY

L'affaire du Maroc est-elle comprise?

CASTEL-BÉNAC

Oui, qu'est-ce que c'est que cette affaire du Maroc?

246

TOPAZE, *froid.*

Personnelle.

CASTEL-BÉNAC

Comment, personnelle?

TOPAZE

Cela veut dire qu'elle ne vous regarde pas.

SUZY

Monsieur Topaze, que signifie cette réponse?

TOPAZE

Elle me paraît assez claire.

CASTEL-BÉNAC, *qui commence à suffoquer.*

Comment!

TOPAZE

Laissez-moi parler, je vous prie. Asseyez-vous. *(Castel hésite un instant, puis il s'assoit. Cependant Topaze a tiré de sa poche un étui d'argent. Il le tend à Castel-Bénac.)* Cigarette?...

CASTEL-BÉNAC

Merci.

TOPAZE, *allume sa cigarette, puis
très calme et très familier.*

Mon cher ami, je veux vous soumettre un petit calcul. Cette agence vous a rapporté en six mois sept cent quatre-vingt-cinq mille francs de bénéfices nets. Or, le bureau vous a coûté dix mille francs pour le bail, vingt mille pour l'ameublement, en tout trente mille. Comparez un instant ces deux nombres : sept cent quatre-vingt-cinq mille et trente mille.

CASTEL-BÉNAC

Je ne vois pas l'intérêt de cette comparaison

TOPAZE

Il est très grand. Cette comparaison prouve que vous avez fait une excellente affaire, même si elle s'arrêtait aujourd'hui.

CASTEL-BÉNAC

Pourquoi s'arrêterait-elle?...

TOPAZE, *souriant*.

Parce que j'ai l'intention de garder ce bureau pour travailler à mon compte. Désormais, cette agence m'appartient, les bénéfices qu'elle produit sont à moi. S'il m'arrive encore de traiter des affaires avec vous, je veux bien vous abandonner une commission de six pour cent... C'est tout.

Castel-Bénac et Suzy se regardent.

CASTEL-BÉNAC, *avec effort*.

Je vous l'avais toujours dit. Notre ami Topaze est un humoriste.

TOPAZE

Tant mieux si vous trouvez cela drôle. Je n'osais pas l'espérer.

SUZY

Monsieur Topaze, parlez-vous sérieusement?

TOPAZE

Oui, madame. D'ailleurs, en affaires, je ne plaisante jamais.

CASTEL-BÉNAC

Vous vous croyez propriétaire de l'agence?

TOPAZE

Je le suis. L'agence porte mon nom, le bail est à mon nom, je suis légalement chez moi...

CASTEL-BÉNAC

Mais ce serait un simple vol.

TOPAZE

Adressez-vous aux tribunaux.

SUZY, *partagée entre l'indignation,*
l'étonnement et l'admiration.

Oh!...

CASTEL-BÉNAC, *il éclate.*

J'ai vu bien des crapules, je n'en ai jamais vu d'aussi froidement cyniques.

TOPAZE

Allons, pas de flatterie, ça ne prend pas.

SUZY

Régis, allez-vous supporter... Dis quelque chose, voyons.

CASTEL-BÉNAC, *aégrafe son col.*

Oh! nom de Dieu...

TOPAZE

Madame, mettez-vous à sa place! C'est tout ce qu'il peut dire.

CASTEL-BÉNAC, *après un tout petit temps.*

Topaze, il y a certainement un petit malentendu.

SUZY

Vous êtes incapable de faire une chose pareille...

TOPAZE

Vous niez l'évidence.

CASTEL-BÉNAC

Allons, réfléchissez. Sans moi, vous seriez encore à la pension Muche. C'est moi qui vous ai tout appris.

TOPAZE

Mais vous avez touché sept cent quatre-vingt-cinq mille francs. Jamais un élève ne m'a rapporté ça...

CASTEL-BÉNAC

Non, non, je ne veux pas le croire. Vous êtes un honnête homme. *(Topaze rit.)* Vous pour qui j'avais de l'estime... Et même de l'affection... Oui, de l'affection... Penser que vous me faites un coup pareil, pour une sale question d'argent... J'en aurais trop de peine, et vous aussi... N'est-ce pas, Suzy? Dites-lui qu'il en aura de la peine... qu'il le regrettera... *(Elle regarde Castel-Bénac avec mépris. Dans un grand élan.)* Tenez, je vous donne dix pour cent.

TOPAZE

Mais non, mais non... Voyez-vous, mon cher Régis, je vous ai vu à l'œuvre et je me suis permis de vous juger. Vous n'êtes pas intéressant. Vous êtes un escroc, oui, je vous l'accorde, mais de petite race. Vos coups n'ont aucune envergure. Quinze balayeuses, trente plaques d'égout, dix douzaines de crachoirs émaillés... Peuh... Le jeu n'en vaut pas la chandelle. Quant aux spéculations comme celles de la pissotière à roulettes, ça, mon cher, ce ne sont pas des affaires : c'est de la poésie toute pure. Non, vous n'êtes qu'un bricoleur, ne sortez pas de la politique.

CASTEL-BÉNAC, *à Suzy.*

Eh bien, ça y est. C'est le coup du chimpanzé.

SUZY

Voilà tout ce que vous trouvez à dire?

CASTEL-BÉNAC

Que peut-on dire à un bandit? *(A Topaze.)* Vous êtes un bandit.

SUZY, *hausse les épaules.*

Allez, vous n'êtes pas un homme.

CASTEL-BÉNAC, *se tourne violemment vers Suzy avec un grand courage.*

Oh! vous, taisez-vous, je vous prie... Car je me demande si vous n'êtes pas sa complice.

SUZY

Vous savez bien que ce n'est pas vrai.

CASTEL-BÉNAC

Où aurait-il pris cette audace si vous ne l'aviez pas conseillé? *(Topaze s'est remis à son bureau. Il écrit paisiblement, ouvre son courrier, etc.)* Oui, avouez-le, c'est vous qui faites le coup.

TOPAZE

Croyez-en ce que vous voudrez.

CASTEL-BÉNAC

Je n'ai pas besoin de votre permission pour croire ce que je vois. Il y a longtemps que je suis fixé.

SUZY

Moi aussi.

CASTEL-BÉNAC

Mais il ne faut pas vous imaginer que ça va se passer comme ça. Je ne vous ai donc pas assez donné d'argent depuis deux ans?

SUZY

Voilà le comble de la vulgarité.

CASTEL-BÉNAC, *il ricane.*

La vulgarité!... Ah! là, là!... La vulgarité!...

TOPAZE, *froid.*

Dites donc, si vous avez envie de crier, allez faire ça ailleurs que chez moi...

CASTEL-BÉNAC, *feint de n'avoir pas entendu, cependant il baisse la voix.*

Chère madame, quand je vous ai connue, vous portiez du lapin.

SUZY

Grossier personnage...

CASTEL-BÉNAC

Elle taillait des chapeaux dans les vieux feutres de son père...

252

TOPAZE

Monsieur, je vous défends de parler sur ce ton à une femme. Allez-vous-en.

CASTEL-BÉNAC

Soit. Rira bien qui rira le dernier. Vous aurez de mes nouvelles.

TOPAZE

Mais non, mais non.

CASTEL-BÉNAC

Je vais de ce pas chez le procureur...

TOPAZE

Ça m'étonnerait.

CASTEL-BÉNAC

Quant à vous, madame, vous m'avez trop long-temps ridiculisé.

SUZY

C'est vrai.

CASTEL-BÉNAC

J'entends que désormais votre attitude change. Je serai chez vous tout à l'heure pour vous dire ce que j'ai résolu.

SUZY

Vous avez résolu de parler grossièrement à une femme parce que vous avez peur d'un homme. Je vous trouve profondément méprisable.

CASTEL-BÉNAC

Madame...

TOPAZE, *il se lève et s'approche de Castel-Bénac.*

Sortez, monsieur.

CASTEL-BÉNAC

Croyez-vous par hasard...

TOPAZE

Allons, sortez

CASTEL-BÉNAC

Soit. Je pourrais abuser de ma force physique...

TOPAZE

Ne vous gênez pas.

CASTEL-BÉNAC

Mais je ne suis pas un portefaix.

SUZY

C'est vous qui le dites.

CASTEL-BÉNAC

A l'heure que j'aurai choisie, je vous ferai payer vos fanfaronnades. Pour le moment, j'aime mieux en rire. *(Il rit, la figure contractée.)* Ha... ha... ha... ha... ha... ha...

Il sort.

SCÈNE III

SUZY, TOPAZE

TOPAZE

Il s'est montré au naturel. Mais il ne tardera guère à vous faire de plates excuses, et vous les accepterez en souriant pour conserver votre honorable situation.

SUZY

Je vous trouve bien impertinent, mon cher ami. Trop peut-être. *(Elle s'assoit.)* J'ai l'impression que vous avez absolument perdu la tête. Croyez-vous que votre coup d'État soit une preuve d'intelligence?

TOPAZE

Non. D'autorité tout au plus.

SUZY

Ces quelques secondes d'autorité vous coûteront cher.

TOPAZE

Pourquoi?

SUZY

Cette agence par elle-même ne vaut rien. Elle rapportait de l'argent parce que, derrière cette façade, il y avait Régis.

TOPAZE

Désormais, il y aura moi.

SUZY

Vous... *(Elle rit.)* Que croyez-vous faire tout seul?...

TOPAZE

Demandez-moi plutôt ce que j'ai fait. Depuis trois mois, chère madame, j'ai travaillé pour moi. J'ai fréquenté des gens intéressants, et j'ai gagné pas mal d'argent. Lorsque le Maroc va donner...

SUZY

C'est sérieux, le Maroc?

TOPAZE

Il n'y a rien de plus sérieux que le Maroc. Concession de cinq mille hectares. Société anonyme. Quatre mille parts de fondateur pour moi. Voyez. *(Il lui donne des papiers, des titres.)* Les titres seront mis sur le marché le mois prochain.

SUZY

Vous travaillez donc avec des ministres?

TOPAZE

Pas encore. Un sénateur, un banquier, un boucher, et la première danseuse du caïd des Beni-Mellal. Ce n'est d'ailleurs pas une affaire malhonnête. Elle comporte des pots-de-vin, comme toutes les affaires coloniales, mais légalement le coup est régulier. Et j'ai d'autres choses en vue.

SUZY

Décidément, vous êtes bien changé.

TOPAZE

A mon avantage?

SUZY

Peut-être, mais pas au mien.

TOPAZE

Comment cela?

SUZY

J'avais des intérêts dans cette agence. En dépouil-
lant Régis, vous me dépouillez. Je touchais huit pour
cent des affaires.

TOPAZE

Il ne tient qu'à vous de les conserver.

SUZY

A quel titre?

TOPAZE

Je vous dois beaucoup. Et puis, j'ai encore besoin
de vos conseils.

SUZY

Je vous croyais un grand homme d'affaires?

TOPAZE

Pas tout à fait. Il me manque encore quelque
chose.

SUZY

Et quoi donc?

TOPAZE

Le signe éclatant de la réussite. Une maîtresse

257

élégante et connue que je puisse montrer chez les autres, et qui sache recevoir mes amis dans un intérieur de bon goût.

SUZY

Mon cher Topaze, je crois que vous allez un peu vite.

TOPAZE

Et pourquoi, madame?

SUZY

Je sais ce que vaut un Topaze, puisque je sais comment on les fait. C'est pourquoi, malgré vos airs définitifs, je me permets de vous donner ce conseil.

TOPAZE

Mais c'est un conseil que je vous demande : je voudrais votre avis sur le choix que j'ai fait.

SUZY

Si votre choix est fait, il est un peu tard pour me consulter. *(Un temps.)* Qui est-ce?...

TOPAZE

Devinez.

SUZY

Je la connais?

TOPAZE

Fort bien.

SUZY

Brune ou blonde?

TOPAZE

Brune.

SUZY

Petite?

TOPAZE

Moyenne.

SUZY

Jolie?

TOPAZE

Très jolie. Et elle porte la toilette à ravir. Elle avait hier une robe d'un goût exquis. Un manteau de velours rouge bordé de vison clair... Ah oui! Exquise!

SUZY

Oui, mais elle se moque peut-être de vous.

TOPAZE

Qui sait?

SUZY

Elle vous regarde probablement comme un homme sans grand avenir.

TOPAZE

Elle aurait tort.

SUZY

Je vous conseille de faire mieux vos preuves avant de lui adresser des propositions qui pourraient lui déplaire.

TOPAZE

Croyez-vous?

SUZY

Je crois qu'elle vous remettrait à votre place.

TOPAZE

Sur ce point, je crois que vous vous trompez. Je pense que je ferais bien de lui parler le plus tôt possible.

SUZY

Tant pis pour vous.

TOPAZE

Son amant vient de la quitter, et elle n'attend peut-être qu'un mot pour tomber dans mes bras.

SUZY, *éclate de rire.*

Vous voilà bien fat et bien prétentieux. Essayez donc de dire ce mot.

TOPAZE

J'essaierai.

SUZY

Essayez donc tout de suite, cela me distraira.

TOPAZE

Bien. *(Il prend le téléphone.)* « Allô... Passy 43.52. »

SUZY

Comment? Odette?

TOPAZE

Le baron Martin l'a quittée hier. Je l'ai rencontrée, nous avons pris le thé ensemble, et il m'a semblé...

SUZY, *elle lui prend le récepteur et le raccroche.*

Comme c'est bête! Vous m'estimez donc assez peu pour me jouer une pareille comédie? Qu'espérez-vous?

TOPAZE, *il change brusquement de ton et de visage.*

Rien. Que puis-je espérer? Vous m'avez vu trop pauvre et trop niais. Je ne vous gagnerai jamais. Je serai toujours le sympathique idiot.

SUZY, *doucement.*

Sympathique.

TOPAZE, *amer.*

Mais idiot.

On frappe à la porte du côté de l'appartement.

SUZY

Qu'est-ce que c'est?

Entre le Maître d'hôtel.

LE MAÎTRE D'HÔTEL

Monsieur est rentré.

SUZY

Bien.

Le Maître d'hôtel se retire.

261

TOPAZE

N'y allez pas.

SUZY

Il le faut. J'ai des comptes à régler. Des comptes financiers. Il faut que cette rupture soit nette. Quand il sera parti, je vous ferai prévenir.

Elle lui tend sa main qu'il baise avec émotion. Elle sort, avec un sourire presque tendre. Topaze reste seul, paraît triomphant. Entre une dactylo qui lui remet une carte. Il change de visage, il hésite une seconde puis il dit :

TOPAZE

Faites entrer.

SCÈNE IV

TOPAZE, TAMISE

Entre Tamise. Il est exactement semblable à ce qu'il était au premier acte. Redingote usée, parapluie sous le bras, lorgnon à cordon. Topaze, un peu gêné, mais joyeux, va vers lui.

TOPAZE

Tamise...

TAMISE

Topaze!... *(Ils se tiennent la main. Ils se regardent en riant.)* Tu l'as coupée!

Il montre le menton de Topaze.

TOPAZE

Eh oui... Dans les affaires... Ça me change beaucoup?

TAMISE

Tu as l'air d'un acteur de la Comédie-Française.

TOPAZE

Je suis très content de te voir.

TAMISE

C'est un plaisir que tu aurais eu plus tôt si je n'avais pas trouvé cinq ou six fois porte de bois... Tes dactylos ont dû te le dire... Elles me répondaient toujours : « Monsieur le directeur n'est pas là. » J'avais même fini par m'imaginer que tu ne voulais pas me recevoir... Et je t'avoue que je le trouvais un peu fort.

TOPAZE

Je pense bien! Deux vieux amis comme nous!

TAMISE

Surtout que j'ai quelque chose d'important à te dire.

TOPAZE

Dis-le.

TAMISE, *il s'assoit.*

Tu sais que je suis ton ami. Un vieil ami sincère et que je n'ai jamais été indiscret. Mais ce que j'ai à te dire est très grave, puisqu'il s'agit de ta réputation...

TOPAZE

Ma réputation?

TAMISE

Ça me fait de la peine de te le dire. Mais devant moi on a parlé de ton associé comme d'un politicien... taré... et même un parfait honnête homme m'a laissé entendre que tu ne l'ignorais pàs, et que tu faisais des affaires douteuses.

TOPAZE

Douteuses?

TAMISE

Douteuses. D'ailleurs, ces bruits ont reçu la

consécration de la presse... Voici un écho qui m'a été remis par un parfait honnête homme, et qui a paru, il y a fort longtemps, dans un journal des plus sérieux.

Il lui donne un petit bout de papier qu'il sort de son portefeuille. Topaze le prend.

TOPAZE

Eh bien? Quelles sont tes conclusions?

TAMISE

Mon cher, je suis venu t'avertir. Regarde de près les affaires que tu traites avec ce monsieur... Et, d'autre part, écris aux journaux pour les détromper.

TOPAZE

Mon vieux Tamise, je te remercie. Mais je suis parfaitement fixé sur toutes les affaires que j'ai traitées jusqu'ici.

TAMISE, *son visage s'éclaire.*

Elles ne sont pas douteuses?

TOPAZE

Pas le moins du monde. Toutes ces affaires sont de simples tripotages, fondés sur le trafic d'influence, la corruption de fonctionnaires et la prévarication.

Tamise, ahuri, le regarde. Puis il éclate d'un rire énorme et confiant.

TAMISE

Sacré Topaze.

TOPAZE

Je ne plaisante pas.

TAMISE, *rit de plus belle*.

Tu me donnes une leçon... mais j'avoue que je l'ai méritée... Que veux-tu! On m'avait dit ça avec tant d'assurance. Et ce journal. *(Il regarde Topaze en riant et finit par dire.)* Et puis, je ne sais pas si c'est parce que tu as tellement l'air d'un acteur, mais j'ai presque failli te croire!

TOPAZE

Mais il faut me croire! Tout ce que j'ai fait jusqu'ici tombe sous le coup de la loi. Si la société était bien faite, je serais en prison.

TAMISE

Que dis-tu?

TOPAZE

La simple vérité.

TAMISE

Tu as perdu la raison?

TOPAZE

Du tout.

TAMISE, *se lève en tremblant*.

Quoi! C'est donc vrai? Tu es devenu malhonnête?

TOPAZE

Tamise, mon bon ami, ne me regarde pas avec horreur, et laisse-moi me défendre avant de me condamner...

TAMISE

Toi! Toi qui étais une conscience, toi qui poussais le scrupule jusqu'à la manie...

TOPAZE

Je puis dire que pendant dix ans. de toutes mes forces, de tout mon courage, de toute ma foi, j'ai accompli ma tâche de mon mieux avec le désir d'être utile. Pendant dix ans, on m'a donné huit cent cinquante francs par mois. Et un jour, parce que je n'avais pas compris qu'il me demandait une injustice, l'honnête Muche m'a fichu à la porte. Je t'expliquerai quelque jour comment mon destin m'a conduit ici, et comment j'ai fait, malgré moi. plusieurs affaires illégales. Sache qu'au moment où j'attendais avec angoisse le châtiment, on m'a donné la récompense que mon humble dévouement n'avait pu obtenir : les palmes.

TAMISE, *ému*.

Tu les as?

TOPAZE

Oui, et toi?

TAMISE

Pas encore.

TOPAZE

Tu le vois, mon pauvre Tamise. Je suis sorti du droit chemin, et je suis riche et respecté.

TAMISE

Sophisme. Tu es respecté parce qu'on ignore ton indignité.

TOPAZE

Je l'ai cru, mais ce n'est pas vrai. Tu parlais tout à l'heure d'un parfait honnête homme qui t'a renseigné. Je parie que c'est Muche?

TAMISE

Oui, et si tu l'entendais s'exprimer sur ton compte, tu rougirais.

TOPAZE

Ce parfait honnête homme est venu me voir. Je lui ai dit la vérité. Il m'a offert un faux témoignage, la main de sa fille et la présidence de la distribution des prix.

TAMISE

La présidence... Mais pourquoi?

TOPAZE

Parce que j'ai de l'argent.

TAMISE

Et tu t'imagines que pour de l'argent...

TOPAZE

Mais oui, pauvre enfant que tu es... Ce journal, champion de la morale, ne voulait que vingt-cinq mille francs. Ah! l'argent... Tu n'en connais pas la valeur... Mais ouvre les yeux, regarde la vie, regarde tes contemporains... L'argent peut tout, il permet tout, il donne tout... Si je veux une maison moderne, une fausse dent invisible, la permission de faire gras le vendredi, mon éloge dans les journaux ou une femme dans mon lit, l'obtiendrai-je par des prières, le dévouement, ou la vertu? Il ne faut qu'entrouvrir ce coffre et dire un petit mot : « Combien? » *(Il a pris dans le coffre une liasse de billets.)* Regarde ces billets de banque, ils peuvent tenir dans ma poche, mais ils prendront la forme et la couleur de mon désir. Confort, beauté, santé, amour, honneurs, puissance, je tiens tout cela dans ma main... Tu t'effares, mon pauvre Tamise, mais je vais te dire un secret : malgré les rêveurs, malgré les poètes et peut-être malgré mon cœur, j'ai appris la grande leçon; Tamise, les hommes ne sont pas bons. C'est la force qui gouverne le monde, et ces petits rectangles de papier bruissant, voilà la forme moderne de la force.

TAMISE

Il est heureux que tu aies quitté l'enseignement, car si tu redevenais professeur de morale...

TOPAZE

Sais-tu ce que je dirais à mes élèves? *(Il s'adresse soudain à sa classe du premier acte.)* « Mes enfants, les proverbes que vous voyez au mur de cette classe correspondaient peut-être jadis à une réalité disparue. Aujourd'hui on dirait qu'ils ne servent qu'à lancer la foule sur une fausse piste, pendant que les malins se partagent la proie; si bien qu'à notre époque le mépris des proverbes c'est le commencement de la fortune... » Si tes professeurs avaient eu la moindre idée des réalités, voilà ce qu'ils t'auraient enseigné, et tu ne serais pas maintenant un pauvre bougre.

TAMISE

Mon cher, je suis peut-être bougre, mais je ne suis pas pauvre.

TOPAZE

Toi? Tu es pauvre au point de ne pas le savoir.

TAMISE

Allons, allons... Je n'ai pas les moyens de me payer

beaucoup de plaisirs matériels mais ce sont les plus bas.

TOPAZE

Encore une blague bien consolante ! Les riches sont bien généreux avec les intellectuels : ils nous laissent les joies de l'étude, l'honneur du travail, la sainte volupté du devoir accompli : ils ne gardent pour eux que les plaisrs de second ordre, tels que caviar, salmis de perdrix, Rolls-Royce, champagne et chauffage central au sein de la dangereuse oisiveté !

TAMISE

Tu sais pourtant que je suis très heureux !

TOPAZE

Tu pourrais l'être mille fois plus, si tu pouvais jouir du progrès. Et pourtant, le progrès, ceux qui l'ont permis, ce sont les gens à grosse tête, les gens comme toi.

TAMISE

Allons donc... Tu sais bien que je n'ai rien inventé.

TOPAZE

Je le sais bien... Tu n'es pas un de ceux qui nourrissent la flamme, mais tu la protèges de tes pauvres mains, et j'ai la rage au cœur de les voir pleines d'engelures, parce que tu n'as jamais pu te payer ces gants de peau grise fourrée de lapin que tu regardes depuis trois ans dans la vitrine d'un magasin.

TAMISE

C'est vrai. Mais ils coûtent soixante francs. Je ne puis pourtant pas les voler.

TOPAZE

Mais c'est à toi qu'on les vole, puisque tu les mérites et que tu ne les as pas! Gagne donc de l'argent!

TAMISE

Comme toi? Merci bien. Et puis, moi, je n'ai pas les mêmes motifs.

TOPAZE

Quels motifs?

TAMISE

Toutes ces théories, je vois très bien d'où elles viennent. Tu aimes une femme qui te demande de l'argent...

TOPAZE

Elle a raison.

TAMISE

Je te l'avais bien dit, Topaze. C'est une chanteuse... et peut-être une chanteuse qui ne chante même pas... Ça coûte cher.

TOPAZE

Tu as vu des femmes qui aiment les pauvres?

TAMISE

Tu ne vas pourtant pas dire qu'elles font toutes le même calcul?

TOPAZE

Non. Je dis qu'en général elles préfèrent les hommes qui ont de l'argent, ou qui sont capables d'en gagner... Et c'est naturel. Aux temps préhistoriques, pendant que les hommes dépeçaient la bête abattue et s'en disputaient les lambeaux, les femmes regardaient de loin... Et quand les mâles se dispersaient, en emportant chacun sa part, sais-tu ce que faisaient les femmes? Elles suivaient amoureusement celui qui avait le plus gros bifteck.

TAMISE

Allons, Topaze, tu blasphèmes... Et puis, même si tu as raison, je ne veux pas te croire... Topaze, si tu n'es pas complètement pourri, fais un effort... Sauvetoi... Quitte cette femme qui t'a perdu, viens, pars tout de suite avec moi.

TOPAZE

Tu es fou, mon bon Tamise... Ce n'est pas moi qu'il faut sauver. C'est toi. Veux-tu quitter la pension Muche?... Veux-tu travailler avec moi?

TAMISE

Quand tu feras des affaires honnêtes.

TOPAZE

Celles que je ferai désormais le seront, mais pas pour toi. Pour gagner de l'argent, il faut bien le prendre à quelqu'un...

TAMISE

Mais à ce compte, il n'y aurait plus d'honnêtes gens.

TOPAZE

Si. Il reste toi. Viens demain me voir, et nous étudierons la possibilité de changer ça.

272

TAMISE

Ah non!... Surtout s'il ne reste plus que moi. Ils me feront peut-être une pension.

La porte s'ouvre. Suzy paraît.

SUZY

Vous êtes occupé? Je vous attends. Régis est parti.

Elle sourit, elle sort. Un silence.

TAMISE

C'est cette Dalila qui t'a rasé le poil... Elle est belle.

TOPAZE

Écoute, peux-tu venir me voir demain matin?

TAMISE

Oui, c'est jeudi.

TOPAZE

Eh bien, à demain, mon vieux, excuse-moi...

TAMISE, *avec une grande indulgence.*

Va, je t'excuse...

> *Topaze sort. Tamise, resté seul, regarde le bureau. Il hoche la tête. Il essaie les fauteuils de cuir, puis il va s'asseoir au bureau de Topaze, dans une attitude qu'il croit être celle d'un homme d'affaires. Brusquement, à côté de lui, le téléphone sonne. Il tressaille, il se lève d'un bond. Entre une dactylo. Elle prend le récepteur.*

LA DACTYLO

Oui, monsieur le ministre... (*Tamise, automatique-*

273

ment, ôte son chapeau.) Non, monsieur le ministre. M. le directeur est sorti... Demain matin, monsieur le ministre. Bien, monsieur le ministre...

> *Elle raccroche et elle inscrit la communication sur un bloc-notes.*

TAMISE

Dites donc, mademoiselle, il y a ici un personnel assez nombreux?

LA DACTYLO

Cinq dactylos.

TAMISE

Et... Qui est le secrétaire de M. le directeur?

LA DACTYLO

Il n'en a pas.

TAMISE

Ah? Il n'a pas de secrétaire?

> *Et pendant qu'elle met de l'ordre sur le bureau, Tamise sort, pensif, pendant que le rideau descend.*

RIDEAU.

TABLE

BIBLIOGRAPHIE

1926. *Les Marchands de gloire*. En collaboration avec Paul Nivoix, Paris, L'Illustration.

1927. *Jazz*. Pièce en 4 actes, Paris, L'Illustration. Fasquelle, 1954.

1931. *Topaze*. Pièce en 4 actes, Paris, Fasquelle.
Marius. Pièce en 4 actes et 6 tableaux, Paris, Fasquelle.

1932. *Fanny*. Pièce en 3 actes et 4 tableaux, Paris, Fasquelle.
Pirouettes. Paris, Fasquelle (Bibliothèque Charpentier).

1935. *Merlusse*. Texte original préparé pour l'écran, Petite Illustration, Paris. Fasquelle, 1936.

1936. *Cigalon*. Paris, Fasquelle (précédé de *Merlusse*).

1937. *César*. Comédie en deux parties et dix tableaux, Paris, Fasquelle.
Regain. Film de Marcel Pagnol d'après le roman de Jean Giono (Collection « Les films qu'on peut lire »). Paris-Marseille, Marcel Pagnol.

1938. *La Femme du boulanger*. Film de Marcel Pagnol d'après un conte de Jean Giono, « Jean le bleu ». Paris-Marseille, Marcel Pagnol. Fasquelle, 1959.
Le Schpountz. Collection « Les films qu'on peut lire ». Paris-Marseille, Marcel Pagnol. Fasquelle, 1959.

1941. *La Fille du puisatier*. Film, Paris, Fasquelle.

1946. *Le Premier Amour*. Paris, Éditions de la Renaissance. Illustrations de Pierre Lafaux.

1947. *Notes sur le rire*. Paris, Nagel.

Discours de réception à l'Académie française, le 27 mars 1947. Paris, Fasquelle.

1948. *La Belle Meunière*. Scénario et dialogues sur des mélodies de Franz Schubert (Collection « Les maîtres du cinéma »), Paris, Éditions Self.

1949. *Critique des critiques*. Paris, Nagel.

1953. *Angèle*. Paris, Fasquelle.
       Manon des Sources. Production de Monte-Carlo.

1954. *Trois lettres de mon moulin*. Adaptation et dialogues du film d'après l'œuvre d'Alphonse Daudet, Paris, Flammarion.

1955. *Judas*. Pièce en 5 actes, Monte-Carlo, Pastorelly.

1956. *Fabien*. Comédie en 4 actes, Paris Théâtre 2, avenue Matignon.

1957. *Souvenirs d'enfance*. Tome I : La Gloire de mon père. Tome II : Le Château de ma mère, Monte-Carlo, Pastorelly.

1959. *Discours de réception de Marcel Achard à l'Académie française et réponse de Marcel Pagnol*, 3 décembre 1959, Paris, Firmin Didot.

1960. *Souvenirs d'enfance*. Tome III : Le Temps des secrets, Monte-Carlo, Pastorelly.

1963. *L'Eau des collines*. Tome I : Jean de Florette. Tome II : Manon des Sources, Paris, Éditions de Provence.

1964. *Le Masque de fer*. Paris, Éditions de Provence.

Traductions

1947. William Shakespeare, *Hamlet*. Traduction et préface de Marcel Pagnol, Paris, Nagel.

1958. Virgile. *Les Bucoliques*. Traduction en vers et notes de Marcel Pagnol, Paris, Grasset.

Éditions illustrées par Albert Dubout. Lausanne, Kaeser, Éditions du Grand chêne, 1949-1952 : *Topaze, Marius, Fanny, César*.

Œuvres dramatiques. Théâtre et cinéma, Gallimard, 1954, 2 volumes.

Œuvres complètes. Éditions de Provence, 6 volumes (1964-1973).

    I. — Les Marchands de gloire, Topaze (1964).
   II. — Marius, Fanny (1965).
  III. — Cinématurgie de Paris, César, Merlusse (1967).
  IV. — Judas, Fabien, Jofroi (1968).
   V. — La gloire de mon père, Pirouettes, Discours d'inauguration du lycée Marcel Pagnol.
 VI. — La Femme du boulanger, Regain, Critique des critiques (1973).

Édition illustrée par Suzanne Ballivet, Pastorelly.

1969 : *Marius* ; 1970 : *Fanny, César* ; 1971 : *Jean de Florette, Manon des Sources* ; 1972 : *Topaze* ; 1973 : *Regain* ; 1974 : *Angèle*.

« Les Chefs-d'œuvre de Marcel Pagnol », Éditions de Provence, 1973-1974 (15 volumes).

Achevé d'imprimer le 13 septembre 1979
sur les presses de l'Imprimerie Bussière
à Saint-Amand (Cher)

**Presses
Pocket**

Presses

Pocket

8 rue Garancière
75006 Paris
tél. 329 12 80

— Nᵒ d'édit. 1084. — Nᵒ d'imp. 1591. —
Dépôt légal : 2ᵉ trimestre 1976.
Imprimé en France